엄마와 함께해서 더욱 즐거운 놀이시간

쓱싹쓱싹 엄마표 종이놀이

김보민 지음

엄마와 함께해서 더욱 즐거운 놀이시간
쓱싹쓱싹 엄마표 종이놀이

초 판 발 행	2023년 03월 20일
발 행 인	박영일
책 임 편 집	이해욱
저 자	김보민
편 집 진 행	강현아
표지디자인	박수영
편집디자인	신해니
발 행 처	시대인
공 급 처	(주)시대고시기획
출 판 등 록	제 10-1521호
주 소	서울시 마포구 큰우물로 75 [도화동 538 성지 B/D] 6F
전 화	1600-3600
홈 페 이 지	www.sdedu.co.kr
I S B N	979-11-383-4461-6(13630)
정 가	22,000원

※이 책은 저작권법에 의해 보호를 받는 저작물이므로, 동영상 제작 및 무단전재와 복제, 상업적 이용을 금합니다.
※이 책의 전부 또는 일부 내용을 이용하려면 반드시 저작권자와 (주)시대고시기획·시대인의 동의를 받아야 합니다.
※잘못된 책은 구입하신 서점에서 바꾸어 드립니다.

시대인은 종합교육그룹 (주)시대고시기획·시대교육의 단행본 브랜드입니다.

[프롤로그]

안녕하세요. <쓱싹쓱싹 엄마표 종이놀이>의 아이 둘 엄마, 주니비니맘입니다.

아이들이 어렸을 때부터 워킹맘이었던 탓에, 아이들과 많은 시간을 함께 보내지 못하는 것에 대해 항상 미안한 마음이 컸습니다. 어쩌다 시간을 내서 함께 놀 때면, 이왕이면 특별하고 재미있게 놀아주고 싶어서 전공을 살려 다양한 미술 재료를 준비해 놓았는데요. 아이들이 좋아해서 뿌듯한 마음이 들면서도 미술 재료를 준비하고 치우는 것에 대한 부담감과 귀찮음에 매번 고민이 많았습니다. '쉽고 간단하면서도 아이들과 즐거운 시간을 보낼 방법은 없을까?' 고민하면서 자연스럽게 인터넷을 검색하게 되었고, 다행히 색칠공부나 간단한 도안놀이 등을 다운 받을 수 있었습니다.

그때부터였을까요.
다양한 도안을 가지고 놀다 보니 창작 욕구가 생겨 아이들에게 재미난 놀잇감을 만들어주고 싶었고, 여러 놀이 도안들을 참고해 저만의 도안을 만들기 시작했습니다. 처음에는 우리 아이들을 위해서 만들었지만, 점점 아이를 키우는 모든 엄마들에게 도움이 되었으면 하는 마음에 도안을 나눔했습니다. 그러다 보니 많은 분께 사랑을 받아서 이렇게 책까지 출판하게 되었습니다.

<쓱싹쓱싹 엄마표 종이놀이>는 엄마와 아이가 즐거운 시간을 보냈으면 하는 그 마음 하나로 열심히 고민하고 그린 책입니다. 이 책을 통해 엄마와 아이가 함께 도안을 오리고, 붙이고, 놀이하면서 즐겁고 행복한 시간을 보냈으면 합니다.

우리 아이와 함께하는 시간은 가장 소중하니까요.

주니비니맘_김보민

[목차]

프롤로그

PART 1. 엄마표 종이놀이 준비하기
도구를 알아봐요　/ 10
종이놀이를 하면 이런 게 좋아요　/ 12
만들기 전에 미리 알아두세요　/ 13
도안 기호를 소개해요　/ 14
이렇게 만들어요　/ 15

PART 2. 엄마표 종이놀이 튜토리얼
[색깔 놀이]

색연필을
정리해요
/ 18

꽃에 나비가
날아와요
/ 22

시원한 주스를
만들어요
/ 26

무지개다리를
만들어요
/ 30

[디자인 놀이]

북극곰에게
이불을 덮어줘요
/ 34

쑥쑥 자라나라,
선인장!
/ 38

책가방을
정리해요
/ 42

창문을
붙여주세요
/ 46

감성 가득
캠핑을 가요
/ 50

[퍼즐 놀이]

두 눈 크게 뜨고,
도형을 찾아요
/ 54

밤하늘의
별자리를 그려요
/ 58

멋진 성을
지어요
/ 62

[퀴즈 놀이]

달고나
게임
/ 66

하마에게
먹이를 줘요
/ 70

나는
누구일까요?
/ 74

[가게 놀이]

달콤함 가득
와플을 만들어요
/ 78

맛나요, 맛나.
계란빵가게
/ 82

[보드게임]

위잉위잉~
곤충을 잡아요
/ 88

매콤달콤,
떡볶이를 만들어요
/ 92

농장에서 채소를
수확해요
/ 96

PART 3. **엄마표 종이놀이 도안**　/ 101

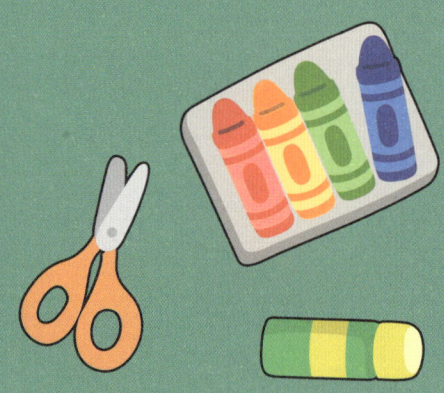

엄마표 종이놀이
준비하기

쓱싹쓱싹 엄마표 종이놀이를 시작하기 전에 미리 알아두면 좋은 내용을 소개해요. 종이놀이를 만들 도구는 물론 종이놀이의 이점이나 주의사항, 도안을 조립할 때 사용하는 기호를 확인할 수 있어요. 어려운 내용은 없으니 가볍게 읽어보는 것만으로도 충분해요.

도구를 알아봐요

① 커팅매트

칼로 도안을 자를 때 책상이 상하지 않도록 보호해줘요. 또한 도안을 자를 때 도안이 미끄러지지 않게 잡아주는 역할도 해서 훨씬 안전하게 칼을 사용할 수 있어요.

② 가위

도안을 오릴 때 사용해요. 종이가 두꺼운 편이니까 잘 드는 가위를 사용해 깔끔하게 오려주세요. 가장 바깥쪽의 검은색 테두리 선을 따라서 오리면 돼요.

③ 칼

도안의 가운데를 오려내거나 칼선을 넣을 때 사용해요. 칼날이 무디면 도안이 깔끔하게 잘리지 않으니 잘 드는 칼을 사용하거나 무뎌진 칼날을 잘라가며 사용해요. 칼은 자칫하면 손을 다치기 쉬우니 되도록 엄마가 대신 잘라주세요.

④ 송곳

도안에 구멍을 뚫을 때 사용해요. 송곳의 끝부분은 매우 뾰족하고 날카로우니 손을 다치지 않게 조심하고, 송곳 역시 엄마가 대신 사용해 구멍을 뚫어주세요.

⑤ 딱풀

도안을 붙일 때 사용해요. 물풀의 경우 자칫 도안이 울거나 밀리는 경우가 생기니 딱풀이나 목공풀을 사용해 튼튼하게 붙여요.

⑥ 할핀

돌아가는 원형판을 만들 때 사용해요. 송곳으로 뚫은 구멍에 할핀을 넣고 다리를 벌려 고정해 사용하면 돼요. 할핀의 길이는 아주 다양한데 책에서는 가장 짧은 길이의 할핀을 사용했어요.

⑦ 30cm 자

도안 중 직선을 자를 때 사용해요. 칼과 함께 사용하며, 가위에 비해 빠르고 깔끔하게 직선 도안을 자를 수 있어요. 30cm 이상의 자를 사용해야 한 번에 도안을 자를 수 있어요.

PLUS

① 재단기

꼭 필요한 도구는 아니지만, 직선의 도안을 자를 때 아주 편리해요. 재단기의 눈금과 칼선을 확인하고 도안을 맞춰 한 번에 자르면 되는데 손 다칠 일도 적고 칼이나 가위보다 훨씬 깔끔하게 자를 수 있어요. 재단기의 크기는 A4용지의 세로 크기보다 큰 것으로 선택하는 것이 좋아요.

② 코팅기계(또는 손코팅지)

도안을 코팅할 때 사용하는 도구예요. 도안이 종이로 되어있기 때문에 도안을 코팅하면 튼튼하게, 오랫동안 사용할 수 있어요. 또한 코팅한 도안 뒷면에 양면테이프를 붙이면 배경판에 도안을 붙였다 떼었다 하면서 더욱 재미있게 놀 수 있어요. 코팅기계가 없다면 손코팅지를 사용해 코팅해도 좋아요.

 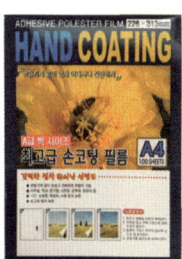

종이놀이를 하면 이런 게 좋아요

1. 간단한 도구로 재미있게 놀이할 수 있어요.

<쓱싹쓱싹 엄마표 종이놀이>를 하기 위해서는 거창한 도구나 재료가 필요 없어요. 가위와 칼, 풀 등 집에 있는 몇 가지 도구와 책만 있으면 얼마든지 간단하고 편리하게 놀이할 수 있어요. 아이와 어떻게 놀아야 하는지 모르거나, 놀이를 준비할 시간이 부족한 엄마들에게 아주 유용한 책이 될 거예요.

2. 소근육이 발달해요.

종이를 접고, 자르고, 붙이는 과정에서 손가락의 소근육이 발달해요. 소근육은 손과 팔을 이용해 사물을 쥐거나 만질 때 사용하는 근육을 말하는데, 아이의 모든 발달에 기초가 된다고 할 수 있어요. 또한 소근육이 발달한다는 것은 눈과 손의 협응력이 높아진다는 것인데 이는 두뇌 발달에도 효과적이에요.

3. 시각 발달에 도움이 돼요.

색깔 놀이를 통해 다양한 색을 눈으로 확인하고, 비슷한 색끼리 모으면서 자연스럽게 색상을 구분할 수 있어요. 또한 디자인 놀이를 통해서는 다양한 디자인을 보고 직접 꾸며보면서 미술적 감각도 함께 키울 수 있고, 곳곳에 있는 컬러링 도안을 색칠하면서 색채 감각도 향상할 수 있어요.

4. 공간지각능력을 키울 수 있어요.

평면인 종이를 오리고 붙이면서 입체적으로 만드는 과정을 통해 공간감을 배울 수 있어요. 종이를 어떤 방법으로 붙이고, 어떤 방법으로 접어야 입체적인 모양을 만들 수 있는지 생각하고, 고민하고, 직접 만들면서 공간에 대한 이해도가 높아져요.

5. 아이들의 상상력을 자극해요.

빨간색과 파란색이 섞이면 어떤 색이 나오지? 창문 뒤에는 어떤 풍경이 있을까? 캠핑장을 어떻게 꾸며야 예쁠까? 지금 엄마가 설명하고 있는 친구는 어떤 친구일까?
놀이하는 내내 아이들에게 끊임없이 질문하고 계속 생각하게 만들어 상상력을 자극해 주세요. 나중에는 아이가 스스로 궁금증을 내보이고 스스로 상상하며 스스로 답을 찾아가는 모습을 발견할 수 있을 거예요.

6. 규칙을 이해하고 따르는 과정을 배울 수 있어요.

종이놀이는 정해진 순서대로 만들어야 하고, 놀이하는 과정에는 정해진 규칙이 있다는 것을 알려준 다음 놀이를 시작해요. 미리 규칙을 인식시킨 다음, 놀이하면서 규칙은 반드시 지켜야 한다는 것을 알려주면 아이가 규칙에 대해 훨씬 쉽게 받아들이고 이해할 수 있어요.

만들기 전에 미리 알아두세요

1. 도안을 만들 때는 항상 조심하세요.

도안은 가급적 아이가 직접 만드는 것이 좋아요. 직접 만들어야 발달 과정에도 도움이 되고, 성취감과 뿌듯함도 느낄 수 있거든요. 하지만 그만큼 손을 다치기 쉬우니 조심해야 해요. 특히 칼이나 송곳처럼 위험한 도구를 사용할 때는 아이가 다치지 않도록 엄마가 도와주세요.

2. 구멍을 뚫을 때는 넉넉하게 뚫어요.

송곳으로 구멍을 뚫는 도안은 도안이 잘 돌아갈 수 있도록 구멍을 넉넉한 크기로 뚫어주세요. 한번 구멍을 뚫은 다음 그 상태에서 송곳을 빙빙 돌리면 자연스럽게 구멍이 커져요. 할핀으로 도안을 고정할 때도 할핀을 헐겁게 고정해 도안이 잘 움직일 수 있도록 해요.

3. 칼등으로 종이를 그으면 잘 접혀요.

종이를 접을 때는 점선 위를 칼등으로 살짝 그으면 쉽고 깔끔하게 접을 수 있어요. 단 너무 세게 그으면 종이가 쉽게 찢어지니 적당한 힘을 주어 자국만 남기듯 그어야 해요.

4. 아이와 상의해 규칙을 바꿔도 좋아요.

모든 놀이에는 정해진 규칙이 있어요. 하지만 아이가 규칙에 익숙해져서 흥미를 잃어간다면 규칙을 변경해도 좋아요. 단, 이 경우에는 엄마 마음대로 변경하는 것이 아니라 엄마와 아이가 충분히 상의한 다음 새로운 규칙을 정해야 해요. 규칙을 정하는 과정에 아이가 참여한다면 자신이 제시한 규칙이 받아들여졌을 때 성취감을 느낄 수 있고, 스스로 정한 규칙을 더 잘 지키려 노력하게 될 거예요.

도안 기호를 소개해요

기호	이름	사용법
———	실선	가장 바깥쪽 테두리의 검은색 실선을 따라 가위로 오려요. 그림 안쪽에 그려져 있는 실선은 칼을 사용해 오려요. ※ 도안이 어두운 경우에는 검은색 실선이 보이지 않아 하얀색으로 표시했어요. 마찬가지로 테두리를 따라 오리면 돼요.
- - - - - -	점선	선이 바깥쪽으로 보이게 접어요.
-·-·-·-·-	긴줄점선	선이 안쪽으로 들어가게 접어요.
✂	가위	가위 표시가 있는 부분을 오려내요. 크기가 크다면 가위로 오리고, 크기가 작다면 칼로 오려요.
▬	붙임 상자	풀칠하는 부분이에요. 딱풀이나 목공용 풀을 사용해 풀칠한 다음 단단하게 붙여요.
●	검은 점	송곳으로 구멍을 내는 부분이에요. 송곳을 사용할 때는 손을 다치지 않도록 조심해야 해요.

이렇게 만들어요

OO놀이 : 놀이의 종류를 확인해요.

재료 : 놀이할 때 필요한 도안의 페이지와 도구를 적어두었어요. 놀이를 시작하기 전에 미리 준비해두세요.

이런 효과가 있어요 : 놀이를 통해 아이가 배울 수 있는 점을 적어두었어요.

더 재미있게 놀아요 : 게임을 더욱 재미있고, 다양하게 놀 수 있는 방법을 알려드려요.

놀기 : 완성한 놀잇감으로 놀이하는 방법을 소개해요.

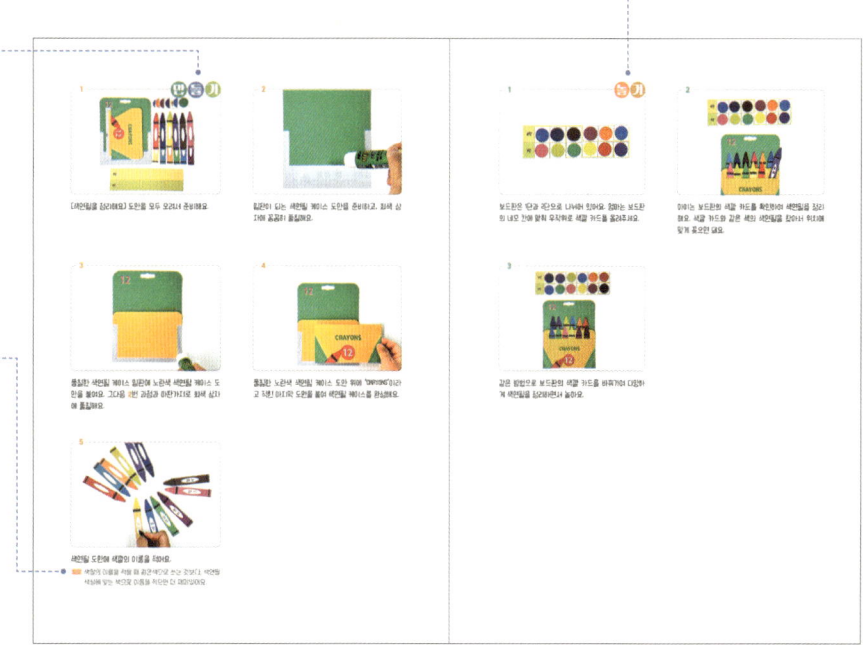

만들기 :
도안으로 놀잇감 만드는 방법을 소개해요. 사진과 텍스트를 확인하며 완성해 보세요.

TIP :
도안을 만들 때 알아두어야 하는 부분이나 쉽게 만드는 방법, 더 재미있게 노는 방법을 소개해요.

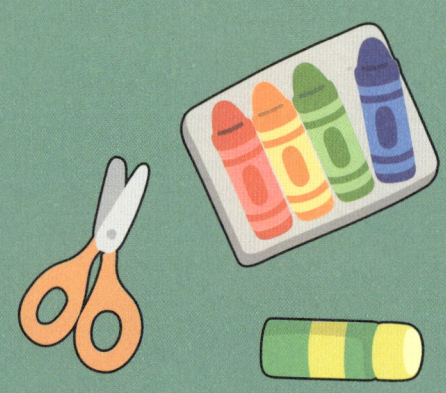

엄마표 종이놀이
튜토리얼

쓱싹쓱싹 엄마표 종이놀이 만드는 방법을 소개해요. 원하는 도안을 선택해 오리고 튜토리얼을 확인하며 풀로 붙이면 쉽게 완성할 수 있어요. 재미있게 노는 방법 역시 알려드리니 아이와 함께 재미있는 종이놀이 시간을 가져보세요.

[색깔 놀이]

색연필을
정리해요.

열심히 색칠하며 놀았더니 색연필이 엉망이 되었어요.
색연필 케이스에 알록달록 색연필을 차곡차곡 정리해볼까요?
엄마가 정해주는 순서에 맞게 총 12가지의 색연필을 정리해요.

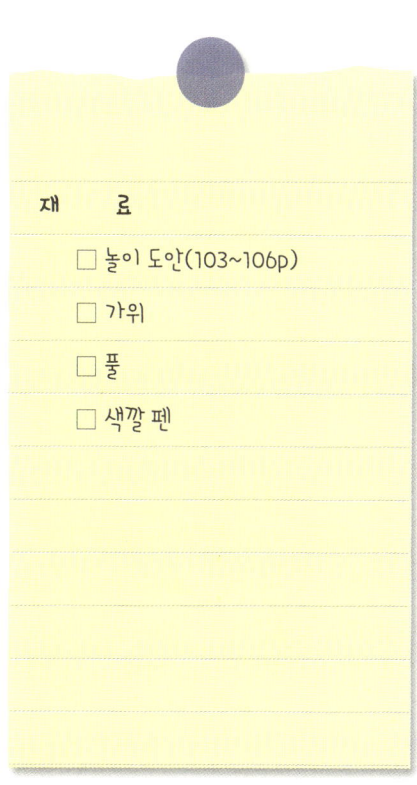

재 료
- ☐ 놀이 도안(103~106p)
- ☐ 가위
- ☐ 풀
- ☐ 색깔 펜

이런 효과가 있어요

1. 다양한 색에 대해 알아봐요.
2. 색깔의 순서를 인지하고 정렬할 수 있어요.

더 재미있게 놀아요

1. 비슷한 색끼리 혹은 반대되는 색끼리 다양하게 나열하며 정리 놀이를 해요.
2. 실제 가지고 있는 색연필로 정리해도 좋아요.

[색연필을 정리해요] 도안을 모두 오려서 준비해요.

밑판이 되는 색연필 케이스 도안을 준비하고, 붙임 상자에 꼼꼼히 풀칠해요.

풀칠한 색연필 케이스 밑판에 노란색 색연필 케이스 도안을 붙여요. 그다음 2번 과정과 마찬가지로 붙임 상자에 풀칠해요.

풀칠한 노란색 색연필 케이스 도안 위에 'CRAYONS'이라고 적힌 마지막 도안을 붙여 색연필 케이스를 완성해요.

색깔 펜으로 색연필 도안에 색깔의 이름을 적어요.

TIP 색깔의 이름을 적을 때 검은색으로 쓰는 것보다, 색연필 색상에 맞는 색으로 이름을 적으면 더 재미있어요.

1

보드판은 1단과 2단으로 나뉘어 있어요. 엄마는 보드판의 네모 칸에 맞춰 무작위로 색깔 카드를 올려주세요.

2

아이는 보드판의 색깔 카드를 확인하며 색연필을 정리해요. 색깔 카드와 같은 색의 색연필을 찾아서 위치에 맞게 꽂으면 돼요.

3

같은 방법으로 보드판의 색깔 카드를 바꿔가며 다양하게 색연필을 정리하면서 놀아요.

[색깔 놀이]

꽃에 나비가 날아와요.

알록달록 커다란 꽃이 피었어요.
꽃의 중심이 되는 원형판에 색색의 꽃잎을 맞춰 끼워주세요.
예쁜 꽃이 완성되면 꽃잎과 같은 색의 나비들이 찾아올 거예요.

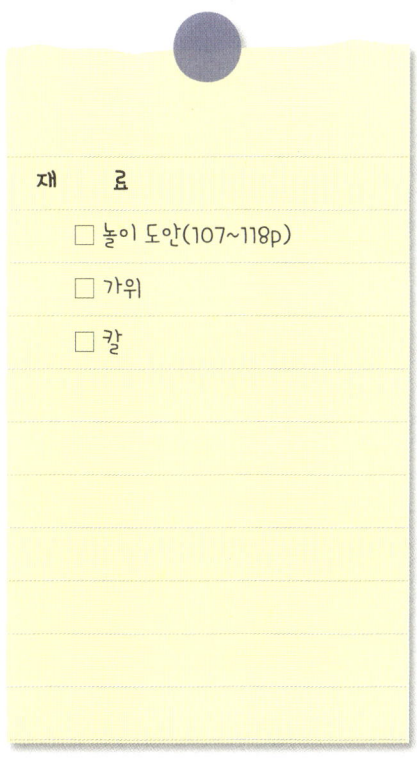

재 료
- ☐ 놀이 도안(107~118p)
- ☐ 가위
- ☐ 칼

이런 효과가 있어요

1. 다양한 색에 대해 알아봐요.
2. 색을 구분하고 같은 색끼리 짝 짓는 방법을 익혀요.

더 재미있게 놀아요

1. 도안을 모두 코팅하고 나비 카드 뒷면에 양면테이프를 붙이면 꽃잎에 붙였다 떼었다 하면서 여러 번 놀이할 수 있어요.
2. 나비 이외에 다른 곤충 그림으로 색깔 카드를 만들어도 좋아요.

1

[꽃에 나비가 날아와요] 도안을 모두 오려서 준비해요.

2

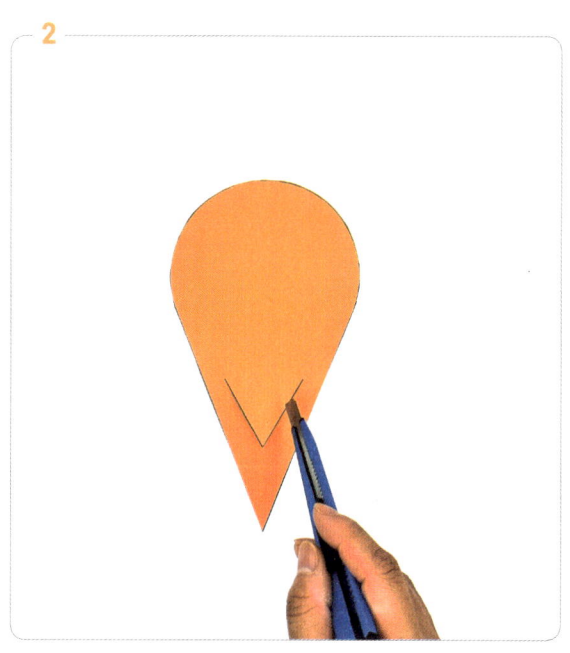

꽃잎 도안의 안쪽에는 V자로 재단선이 있어요. 칼을 사용하여 재단선을 따라 조심조심 칼집을 내요. 8장의 꽃잎 모두에 칼집을 내주세요.

TIP 칼을 사용할 때는 엄마가 도와주세요.

3

원형판에는 총 8가지의 색상이 나누어 있는데, 원형판의 색과 같은 색의 꽃잎을 찾아 끼워요. V자로 칼집을 낸 부분을 위로 들어 올려 원형판의 가장자리에 밀어 넣어 끼우면 돼요.

4

꽃잎 8장을 모두 끼워 알록달록한 꽃을 완성해요.

1

미리 오려둔 나비 카드를 한눈에 보이도록 바닥에 넓게 펼쳐요.

2

꽃잎과 같은 색의 나비를 찾아 꽃잎 위에 올려요. 바닥에 있는 나비를 전부 꽃잎 위로 올리며 놀아요.

[색깔 놀이]

시원한 주스를 만들어요.

더운 여름에는 한 모금만 마셔도 속이 시원해지는 주스가 최고죠!
12가지의 다양한 과일을 골라서 맛있는 생과일주스를 만들어볼까요.
여러 개의 과일이 섞이면 어떤 색의 주스가 만들어질까 상상해봐요.

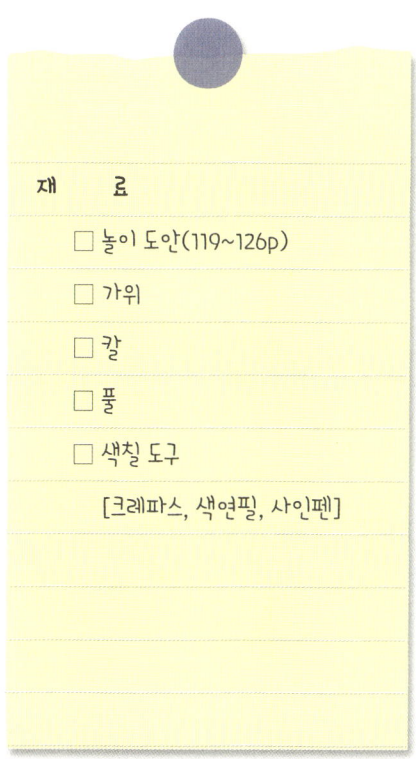

재 료
- ☐ 놀이 도안(119~126p)
- ☐ 가위
- ☐ 칼
- ☐ 풀
- ☐ 색칠 도구
  [크레파스, 색연필, 사인펜]

이런 효과가 있어요 🎵
1. 다양한 색에 대해 알아봐요.
2. 믹서에 담긴 과일이 섞이면 어떤 색이 되는지 상상하면서 색채 감각을 키워요.

더 재미있게 놀아요 🎵
1. 과일의 단면이 그려진 카드를 보며 어떤 과일인지 맞혀봐요.
2. 크레파스, 색연필, 사인펜 등 다양한 재료로 색칠해요. 어떤 색칠 도구를 사용하느냐에 따라 색상이 다르게 표현되어 다양한 느낌의 과일주스를 만들 수 있어요.

만들기

[시원한 주스를 만들어요] 도안에서 믹서를 제외한 모든 도안을 오려서 준비해요.

TIP 믹서는 그 자체로 배경판이 되니 따로 오릴 필요가 없어요.

놀기

믹서 도안의 동그라미 위에 2~3가지의 과일을 올려요.

TIP 처음에는 두 가지의 과일을 골라 주스를 만들다가 색을 상상하는 것이 익숙해지면 세 가지 과일을 골라 난도를 높여요.

컵 도안에 얼음 도안을 붙여요.

3

1번 과정에서 믹서에 넣은 과일이 섞였을 때 어떤 색의 주스가 만들어질지 상상하며 색칠 도구로 컵 안쪽을 칠해요.

4

컵의 윗부분에 살짝 칼집을 내고 빨대를 꽂아요.

TIP 칼을 사용할 때는 엄마가 도와주세요.

5

블루베리와 허브, 체리와 레몬을 올려 주스를 장식하면 맛있는 생과일주스가 완성돼요.

TIP 주스에 포인트를 주고 싶다면 체리는 컵에 반쯤 걸치고, 레몬은 가운데를 살짝 잘라 컵 윗부분에 꽂아주세요.

6

12가지의 다양한 과일로 알록달록 맛있는 생과일주스를 만들어보아요.

[색깔 놀이]

무지개다리를 만들어요.

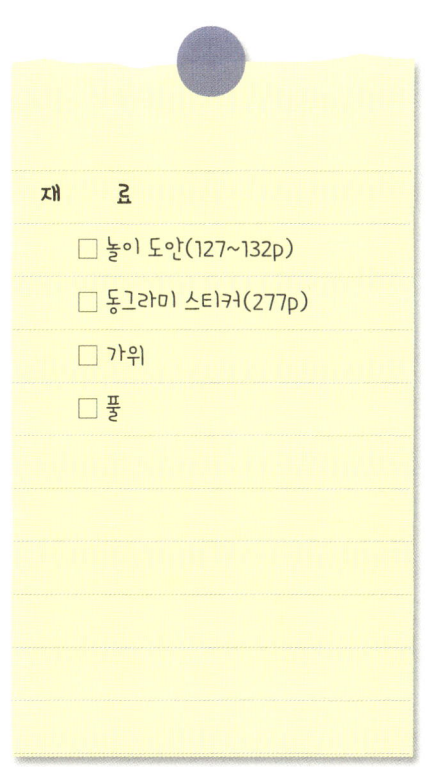

재 료
☐ 놀이 도안(127~132p)
☐ 동그라미 스티커(277p)
☐ 가위
☐ 풀

귀여운 몬스터 친구들 앞에 아주 큰 강이 놓여 있어요.
건너편으로 건너가야 하는데 도와줄 수 있을까요?
몬스터 친구들이 강 건너편으로 무사히 건너갈 수 있도록
튼튼하고 재미있는 다리를 놓아주세요.

이런 효과가 있어요 ♪

1. 평면인 종이를 입체적으로 만들면서 공간지각능력을 키워요.
2. 손으로 접고 붙이는 과정을 통해 소근육이 발달해요.

더 재미있게 놀아요 ♪

1. 다리를 만들 때 직선, 곡선, 계단 모양 등으로 마음대로 접거나 다리끼리 서로 꼬아서 재미있게 만들어요.
2. 다리 도안은 같은 색이 두 장씩 있어요. 두 장의 종이를 이으면 다리를 길게 만들 수 있어요.
3. 다리 도안에 무늬를 그려넣거나 스티커를 붙여 꾸며도 좋아요.

만들기

1

[무지개다리를 만들어요] 도안에서 강 도안을 제외한 모든 도안을 오려서 준비해요.

> TIP 강 도안은 그 자체로 배경이 될 거예요.

놀기

1

강 도안 위에 동그라미 스티커를 마음대로 붙여요. 스티커는 6개의 색상이 2개씩, 총 12개가 있는데 같은 색의 동그라미 스티커는 가급적 서로 떨어뜨려 붙이는 게 좋아요.

2

다리 도안은 양쪽 끝의 점선에 맞게 안쪽으로 접고, 접은 부분의 붙임 상자에 풀칠해요.

3

같은 색의 동그라미 스티커 2개를 같은 색의 다리 도안으로 연결해요. 도안을 구부리거나 접어 다양한 방법으로 연결해요.

> TIP 다리 도안 두 장을 연결해 길게 만들면 더욱 다양한 방법으로 다리를 연결할 수 있어요.

4

직선, 곡선, 계단 모양 등으로 도안을 마음대로 접어 총 6개의 다리를 만들어요.

5

몬스터 친구들이 무사히 다리를 건너갈 수 있도록 지켜봐 주세요.

[디자인 놀이]

북극곰에게
이불을 덮어줘요.

북극곰이 잠을 자려고 하는데, 이런 이런 이불이 없네요.
얼른 따뜻한 이불을 만들어서 덮어줘야겠어요.
오늘부턴 따뜻하게 잘 수 있겠죠.

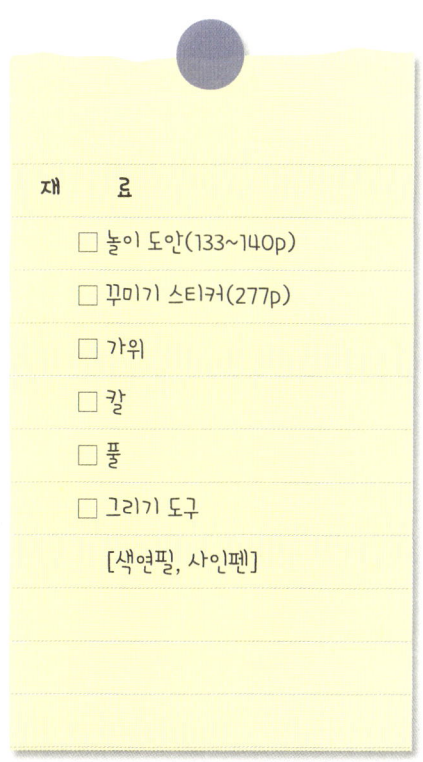

재 료
- ☐ 놀이 도안(133~140p)
- ☐ 꾸미기 스티커(277p)
- ☐ 가위
- ☐ 칼
- ☐ 풀
- ☐ 그리기 도구
  [색연필, 사인펜]

이런 효과가 있어요 ♪

1. 종이를 엮으면서 손가락을 끊임없이 움직이기 때문에 소근육 발달에 좋아요.

더 재미있게 놀아요 ♪

1. 이불에 끼우는 하얀색 긴 종이에 색칠을 하거나 무늬를 그려 넣어도 좋아요.
2. 이불을 완성한 후 도서 뒷면의 꾸미기 스티커를 붙이며 꾸며보아요.

1 만들기

[북극곰에게 이불을 덮어줘요] 도안에서 침대를 제외한 도안을 모두 오려서 준비해요.

TIP 침대 도안은 그 자체로 배경이 될 거예요.

1 놀기

이불 도안의 재단선을 따라 칼선을 넣어요.

TIP 칼선을 넣을 때는 아이가 혼자 하기 어려우니 엄마가 도와 주세요.

2

하얀색의 긴 종이를 이불 도안에 가로로 한 줄씩 끼워 넣어요. 이때 이불 도안의 칼선 위아래로 하얀색 종이 가 들어가도록 번갈아가며 끼워 이불이 체크무늬가 되 도록 해주세요.

3

끼워 넣은 하얀색 긴 종이의 처음과 끝을 풀로 붙여 고정하면 체크무늬 이불이 완성돼요.

4

침대 도안 위에 북극곰을 올리고 완성한 이불을 덮어주세요.

5

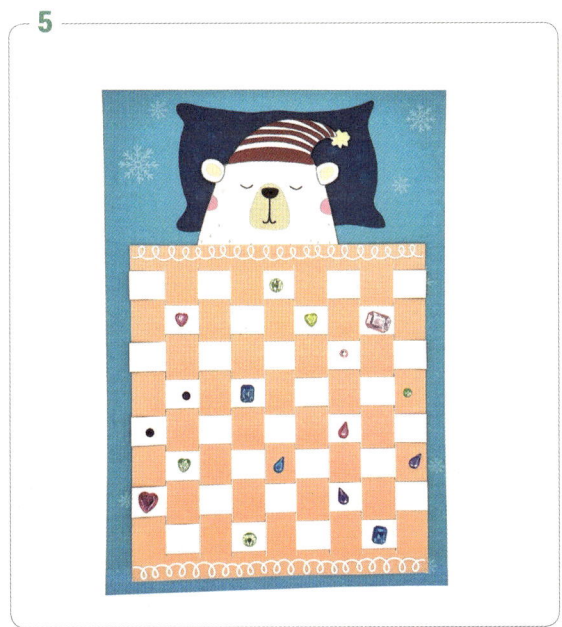

완성한 이불에 그림을 그리거나 스티커를 붙이면 북극곰의 이불이 더욱 예뻐져요.

TIP 도서 뒷면에 꾸미기 스티커를 넣어뒀어요. 스티커를 활용해 예쁘게 꾸며주세요.

[디자인 놀이]

쑥쑥 자라나라, 선인장!

메마른 사막에서도 씩씩하게 자라나는 선인장을 키워볼까요.
가위바위보를 해서 이기는 사람이 선인장 가지를 하나씩 붙이는 거예요.
누가누가 선인장을 더 잘 키우나 내기해요.

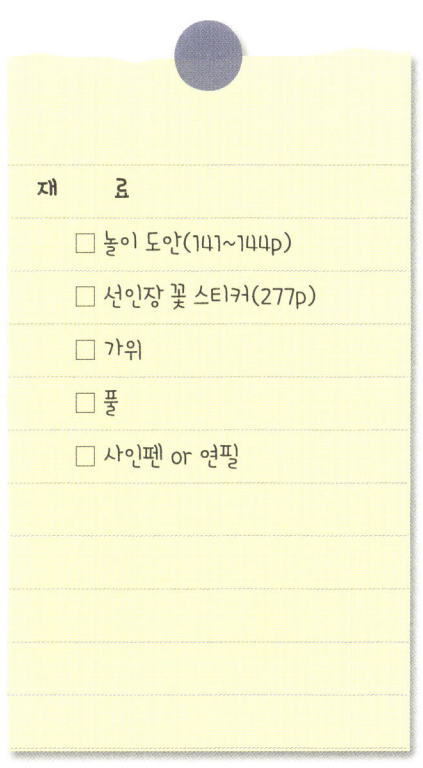

재료
- ☐ 놀이 도안(141~144p)
- ☐ 선인장 꽃 스티커(277p)
- ☐ 가위
- ☐ 풀
- ☐ 사인펜 or 연필

이런 효과가 있어요

1. '가위바위보'라는 규칙을 통해 놀이를 진행하기 때문에 규칙을 이해하고 지키는 방법을 배울 수 있어요.

더 재미있게 놀아요

1. 선인장이 사는 환경의 특징을 알아보고, 다양한 모양의 선인장을 찾아보며 공부해요.
2. 선인장 가지를 꼭 중앙 몸통에 붙일 필요는 없어요. 큰 가지에 작은 가지를 붙이며 다양한 모양으로 만들어보세요.

1 만들기

[자라나라, 선인장] 도안에서 선인장 몸통을 제외한 도안을 모두 오려서 준비해요. 선인장 가지는 왼쪽 8개, 오른쪽 8개로 나눠서 준비해요.

TIP 선인장 몸통 도안은 그 자체로 배경이 될 거예요.

2

선인장 몸통 도안의 아랫부분에는 빈칸이 있어요. 빈칸에 아이와 엄마 이름을 적으면 놀이 준비 끝! 선인장의 가운데 점선을 기준으로 각자 이름이 쓰여있는 부분에서 놀이를 시작하면 돼요.

1 놀기

엄마와 아이가 가위바위보를 해요.

2

이긴 사람은 자기 이름이 적힌 부분에 선인장 가지 하나를 풀로 붙여요.

8개의 가지를 먼저 다 붙인 사람이 승리하는 게임이에요.

게임이 끝나면 선인장 꽃 스티커를 붙여 예쁘게 꾸며요.

TIP 게임을 계속 진행하고 싶다면 다시 가위바위보를 해서 이번에는 선인장 꽃 스티커를 누가 많이 붙이나 내기해요.

마지막으로 사인펜이나 연필로 선인장의 가시를 그리면 보다 더 완벽한 선인장이 완성돼요.

[디자인 놀이]

책가방을 정리해요.

처음 등교할 때의 기분을 떠올리며 나만의 책가방을 만들고,
예쁘게 색칠하고 자른 학용품을 가방에 정리해볼게요.
과목별로 필요한 학용품을 책가방에 잘 챙겨 넣으면 학교 갈 준비 끝!

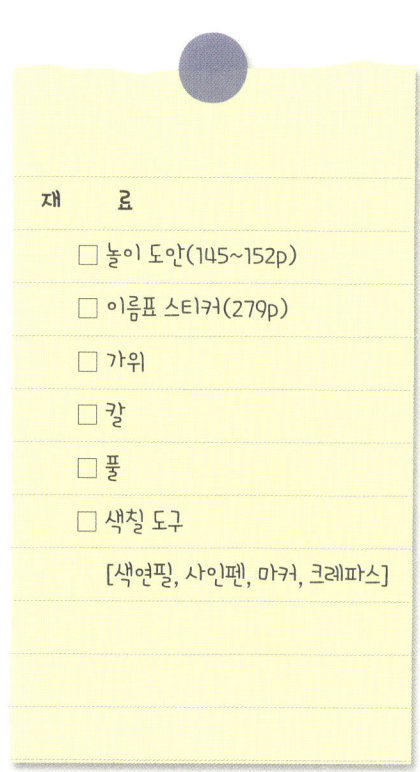

재 료

☐ 놀이 도안(145~152p)
☐ 이름표 스티커(279p)
☐ 가위
☐ 칼
☐ 풀
☐ 색칠 도구
  [색연필, 사인펜, 마커, 크레파스]

이런 효과가 있어요

1. 다양한 학용품의 종류와 쓰임새에 대해 알아봐요.
2. 평면인 종이를 입체적인 가방으로 만들면서 공간지각능력을 키워요.
3. 가방에 학용품을 넣으면서 정리, 정돈하는 방법을 익혀요.

더 재미있게 놀아요

1. 도안에 그려진 학용품 외에 자신이 가방에 넣고 싶은 물건이 있다면 직접 그려서 넣어도 좋아요.
2. 도서 뒷면의 이름표 스티커를 활용해 학용품에 이름을 쓰고 스티커를 붙여 예쁘게 꾸며요.

1

[책가방을 정리해요] 도안 중에 책가방 관련 도안만 오려서 준비해요.

2

가방 밑판 도안의 붙임 상자에 풀칠하고 그 위에 작은 가방 도안을 붙여요.

> TIP 가장자리만 붙였기 때문에 가운데에 학용품을 넣을 수 있어요.

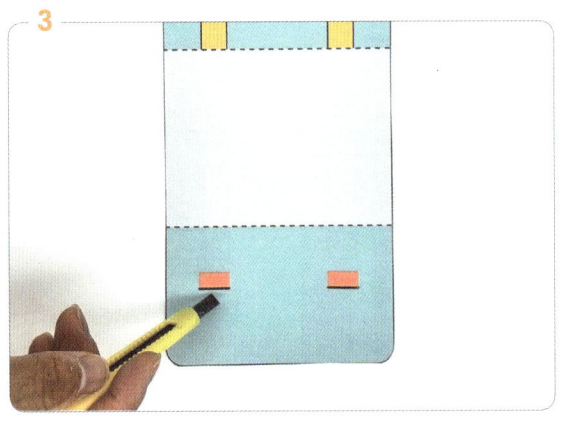

3

주머니 도안에 있는 주황색 네모 아래의 재단선에 칼집을 넣어요.

> TIP 칼을 사용할 때는 엄마가 도와주세요.

4

주머니 도안을 뒤집어 점선에 맞게 위아래를 접어요. 그다음 양옆의 붙임 상자에 풀칠하고 아래쪽 도안을 위로 접어 붙여요.

> TIP 가장자리만 붙였기 때문에 가운데에 학용품을 넣을 수 있어요.

5

주머니 도안의 위쪽을 아래로 내려 접은 다음 노란 가방끈을 3번 과정에서 낸 칼집에 끼워 넣으면 가방을 열고 닫을 수 있어요.

6

2번 과정에서 만든 가방의 붙임 상자에 풀칠하고, 5번 과정에서 만든 주머니를 붙여요.

가방끈의 위아래를 점선에 맞게 바깥쪽으로 접어요.

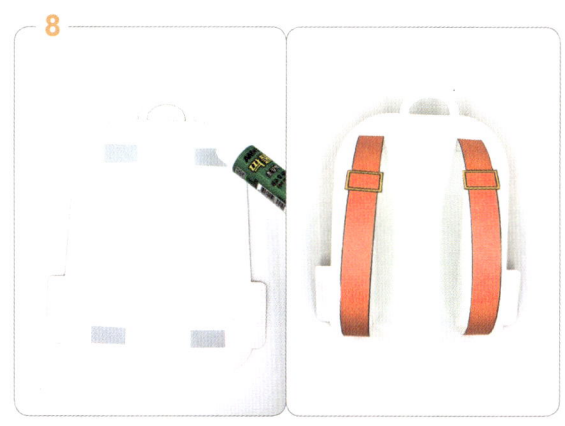

6번 과정에서 만든 가방을 뒤집어 붙임 상자에 풀칠하고, 7번의 가방끈을 붙이면 완성이에요.

이제 학용품을 만들어볼까요? 학용품 컬러링 도안은 자르지 않은 상태로 준비해요.

학용품 컬러링 도안을 색칠 도구로 예쁘게 색칠한 다음, 가위로 깔끔하게 오려요.

> TIP 도안을 오린 다음 색칠하는 것보다 색칠한 다음 오리는 게 훨씬 더 쉽고 깔끔해요.

학용품을 크기와 종류별로 구분해서 미리 만들어둔 가방에 넣어 깔끔하게 정리해요.

> TIP 과목별로 필요한 준비물을 알아보고 해당하는 학용품만 가방에 넣어 책가방 챙기는 연습을 해보세요.

[디자인 놀이]

창문을 붙여주세요.

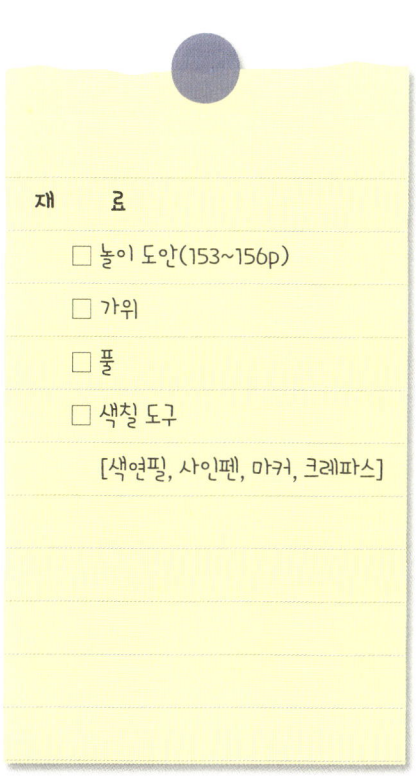

재 료

☐ 놀이 도안(153~156p)
☐ 가위
☐ 풀
☐ 색칠 도구
　[색연필, 사인펜, 마커, 크레파스]

멋진 집에 어울리는 창문을 붙여요.
우리집 창문은 어떤 모양일까요?
다양한 모양의 창문을 예쁘게 칠하고 모양에 맞게 붙여서 집을 완성해요.

이런 효과가 있어요

1. 다양한 디자인의 창문을 알아봐요.
2. 열리고 닫히는 창문의 구조에 대해 알아봐요.

더 재미있게 놀아요

1. 누구의 집인지, 어디에 있는 집인지 아이와 이야기하면서 상상력을 자극해요.
2. 창문을 열면 그 안에 뭐가 있을지 상상하며 놀이해요.

만들기

1

[창문을 붙여주세요] 도안을 준비해요.

놀기

1

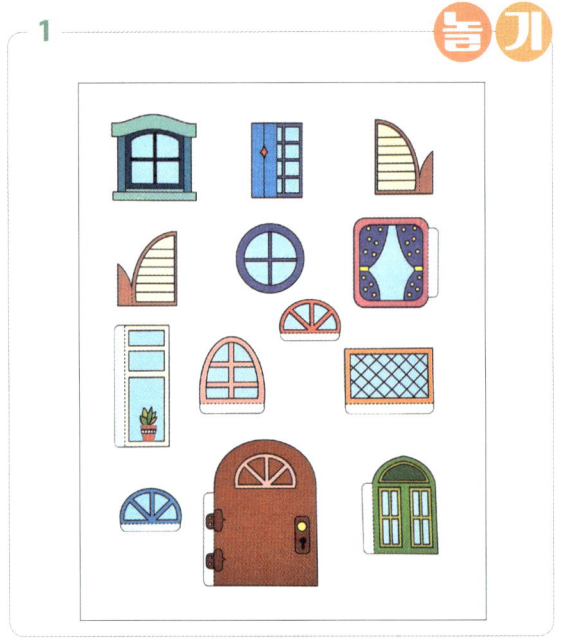

다양한 색칠 도구로 창문 컬러링 도안을 예쁘게 색칠해요.

2

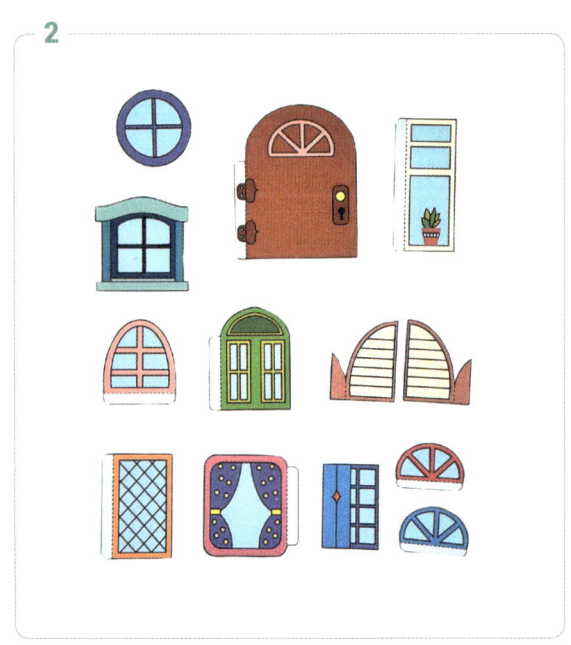

색칠한 창문을 깔끔하게 오려요.

> TIP 도안이 작으므로 오린 다음에 색을 칠하는 것보다 먼저 색을 칠한 다음에 오려야 만들기 편해요.

창문의 가장자리에 있는 점선에 맞게 날개를 안쪽으로 접어요.

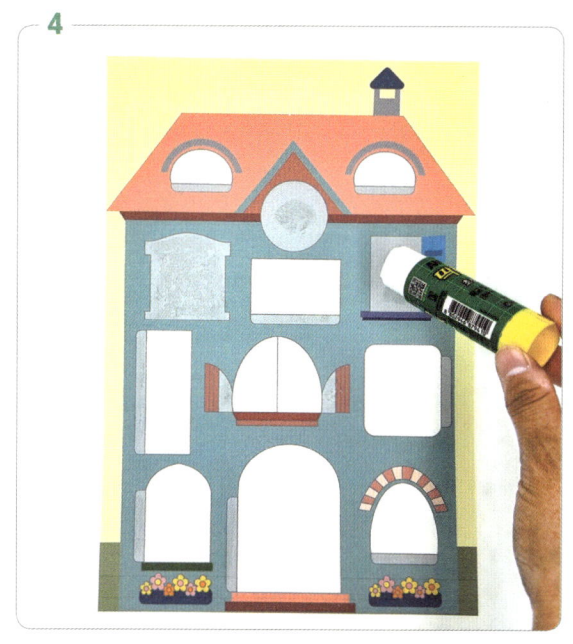

창문을 붙일 집 도안을 살펴보고 붙임 상자에 풀칠해요.

TIP 창문 전체를 붙이는 디자인은 3개, 여닫는 디자인은 10개예요. 도안의 붙임 상자를 확인하며 풀칠해요.

창문 모양에 맞는 창문을 찾아 붙이면 완성이에요.

[디자인 놀이]

감성 가득
캠핑을 가요.

오늘은 친구들과 함께 캠핑을 하기로 했어요.
시간 맞춰서 캠핑장에 왔는데 아직 아무도 안 왔네요.
먼저 준비를 해두어야겠어요. 지금부터 멋지게 캠핑장을 꾸며볼까요.

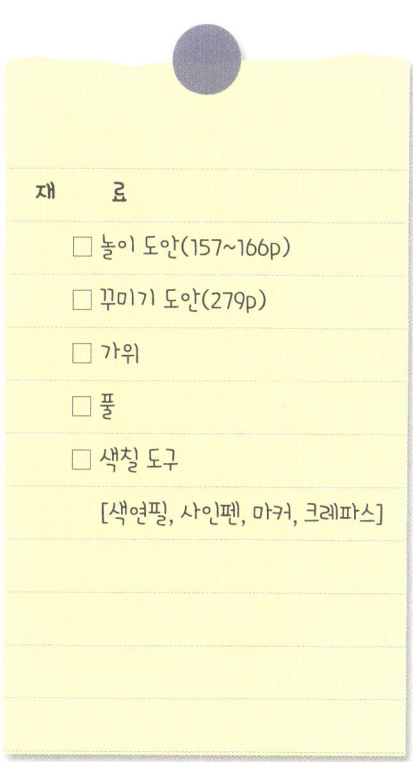

재 료
- ☐ 놀이 도안(157~166p)
- ☐ 꾸미기 도안(279p)
- ☐ 가위
- ☐ 풀
- ☐ 색칠 도구
  [색연필, 사인펜, 마커, 크레파스]

이런 효과가 있어요

1. 뒤에 있는 것은 작게 보이고, 앞에 있는 것은 크게 보인다는 원근법을 익힐 수 있어요.
2. 뒤쪽에 있는 물건은 앞쪽에 있는 물건에 의해 가려질 수 있다는 것을 배워요.

더 재미있게 놀아요

1. 캠핑장에서 사용하는 물건에는 어떤 것들이 있고, 그 물건들은 어떤 역할을 하는지 이야기해요.
2. 도안에 나와 있는 캠핑용품 이외에 나에게 필요한 것에는 어떤 것이 있는지 생각해봐요.
3. 다양하게 캠핑장을 꾸민 후 각각 사진을 찍어 어떤 것이 가장 마음에 드는지 골라요.
4. 도서 뒷면의 꾸미기 스티커를 활용해 더 멋지게 꾸며보세요.

1

[캠핑을 가요] 도안 중 배경판을 먼저 만들어요. 둥근 나무가 있는 도안의 오른쪽 붙임 상자에 풀칠을 해요.

2

달과 뾰족한 나무가 있는 도안을 풀칠한 부분에 잘 맞춰서 붙여요.

3

다양한 색칠 도구로 캠핑 소품 컬러링 도안을 예쁘게 색칠해요.

4

색칠한 도안을 깔끔하게 오려요.

TIP 도안이 작으므로 오린 다음에 색을 칠하는 것보다 먼저 색을 칠한 다음에 오려야 만들기 편해요.

5

텐트와 텐트 문을 준비해요. 텐트 문의 날개는 점선에 맞게 바깥쪽으로 접어요.

6

텐트 도안의 붙임 상자에 풀칠하고 위치에 맞게 문을 붙여요.

7

캠핑카와 문을 준비해요. 텐트와 마찬가지로 문은 점선에 맞게 바깥쪽으로 접어요.

8

캠핑카 도안의 붙임 상자에 풀칠하고 위치에 맞게 문을 붙여요.

1

캠핑장 배경판에 텐트와 캠핑카를 포함한 다양한 캠핑용품을 놓고 싶은 자리에 배치하면서 놀아요.

2

다양한 모습으로 캠핑장을 꾸미고 왜 이렇게 꾸몄는지 이야기도 나눠보세요.

퍼즐 놀이

두 눈 크게 뜨고, 도형을 찾아요.

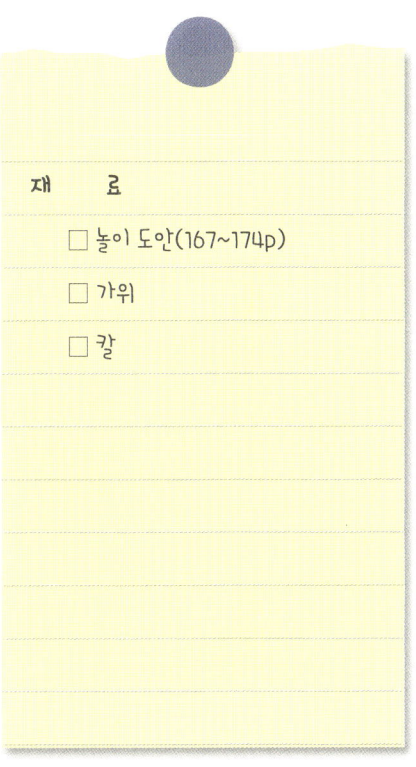

재료
- ☐ 놀이 도안(167~174p)
- ☐ 가위
- ☐ 칼

여러 가지 도형이 가득한 보드판에서 엄마가 제시하는 도형을 찾아볼까요?
돋보기 창을 활용해 두 눈 크게 뜨고 열심히 찾아봐요.
생각보다 쉽지는 않지만, 그래서 도형을 찾았을 때의 기쁨이 두 배랍니다.

이런 효과가 있어요

1. 다양한 모양의 도형을 인식할 수 있어요.
2. 도형 카드와 보드판을 비교하며 같은 도형과 색깔을 찾아야 하므로 관찰력은 물론 집중력도 향상돼요.

더 재미있게 놀아요

1. 도형 카드는 2~4개까지 있으므로 레벨을 정해서 단계적으로 도전해요.
2. 4개까지 수월하게 도형을 찾았다면, 그다음에는 한 번에 도형 카드를 여러 개 찾으며 난도를 높여요.

[도형을 찾아요] 도안에서 보드판을 제외한 도안을 모두 오려서 준비해요. 돋보기 창의 안쪽을 오릴 때는 칼을 사용해 조심조심 오려요.

TIP 칼을 사용할 때는 엄마가 도와주세요.

단계별로 진행할게요. 먼저 엄마는 도형 2개가 있는 카드를 카드 놓는 곳에 올려주세요.

TIP 도형 카드를 보면 왼쪽 윗부분에 회색 점이 찍혀 있어요. 이 부분이 위로 가도록 카드를 올려주세요.

아이는 도형 2개 크기의 돋보기 창으로 엄마가 제시한 도형을 찾아요. 같은 방법으로 2개짜리 도형 카드를 모두 찾아요.

2개짜리 도형 카드를 모두 찾았다면 이번엔 단계를 높여 도형 3개를 찾아요.

3개짜리 도형 카드도 다 찾았다면 도형 4개를 찾아요. 이렇게 엄마가 제시하는 도형을 모두 다 찾으면 돼요.

[퍼즐 놀이]

밤하늘의 별자리를 그려요.

밤하늘을 올려다보면 하늘을 예쁘게 수놓고 있는 별들이 보여요.
그 별들을 하나하나 이어가며 12가지의 별자리를 그려봐요.
별자리를 그린 종이에 구멍을 뚫고 빛을 비추면 방 안에 우주가 펼쳐져요.

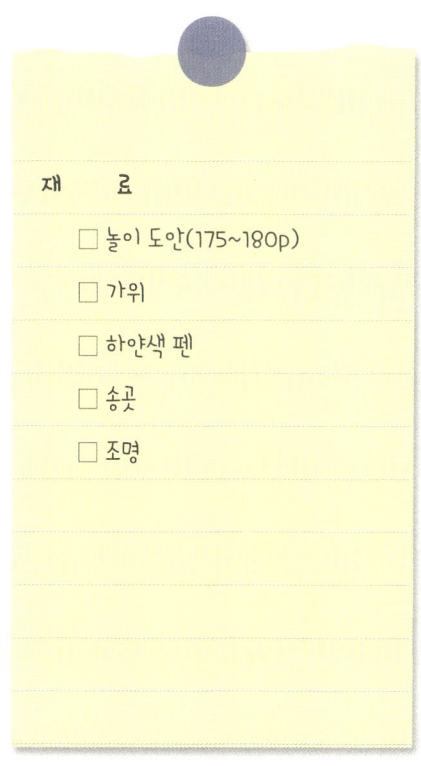

재 료
- ☐ 놀이 도안(175~180p)
- ☐ 가위
- ☐ 하얀색 펜
- ☐ 송곳
- ☐ 조명

이런 효과가 있어요

1. 그림을 보고 똑같이 따라 그리며 관찰력과 집중력을 키워요.

더 재미있게 놀아요

1. 별자리의 종류에는 어떤 것들이 있는지, 나는 어떤 별자리에 해당하는지 알아봐요.
2. 별자리에 얽힌 이야기를 찾아봐요.

1 만들기

[별자리를 그려요] 도안을 준비해요. 별자리 도안은 오릴 필요가 없어요.

2

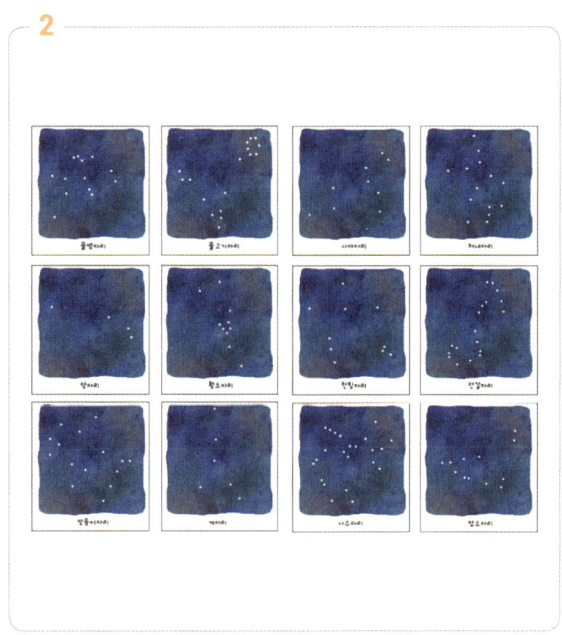

별자리 카드 도안은 한 장씩 오려 준비해요.

1 놀기

별자리 카드 아랫부분에 쓰여있는 이름을 보고 별자리 도안에서 같은 별자리를 찾은 다음 그림을 참고해 하얀색 펜으로 점을 이어요.

> TIP 별자리 카드가 어두운색이니 하얀색 펜으로 점을 이어 주세요.

2

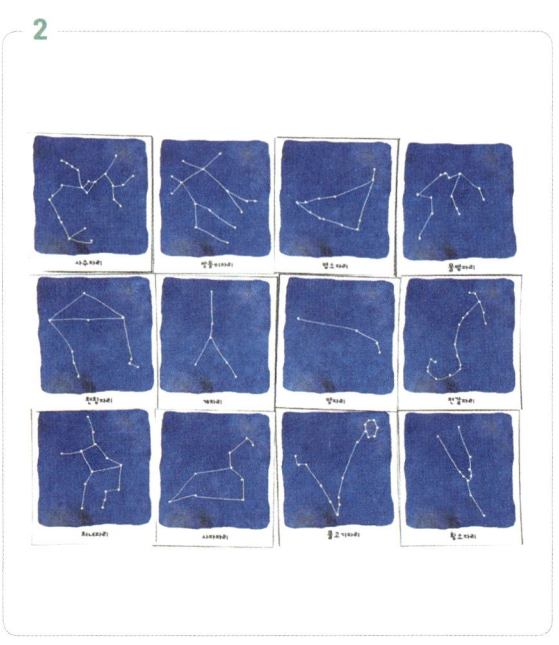

같은 방법으로 12개의 별자리를 모두 그려요.

3

별자리를 다 그렸다면 카드의 점을 송곳으로 뚫어 구멍을 내요.

TIP 송곳을 사용할 때는 손을 다칠 수 있으니 엄마가 도와주세요.

4

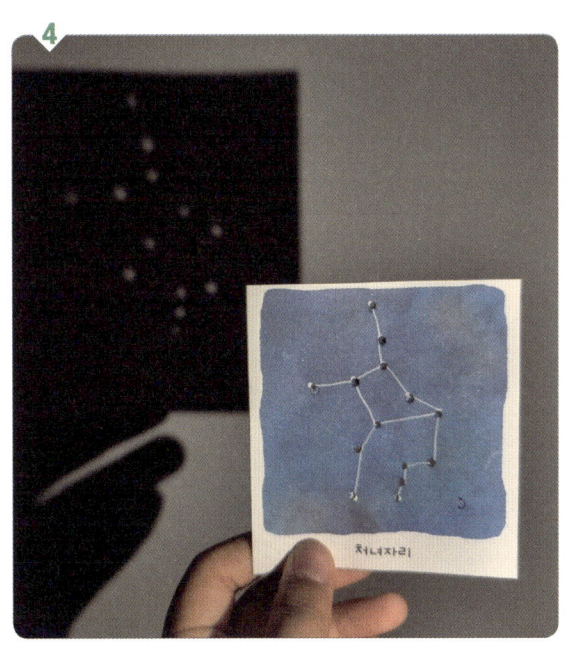

벽이나 천장에 조명을 비추고 구멍을 뚫은 별자리 카드를 갖다 대면 구멍으로 빛이 통과해 별자리가 나타나요. 그림자를 보고 어떤 별자리인지 맞춰보세요.

멋진 성을 지어요!

퍼즐 놀이

멋진
성을 지어요.

동화 속에서만 보던 멋진 기사님이 지켜줄 성을 지어요.
5가지의 예시 그림을 보면서 같은 모양으로 만들면 돼요.
괴물과 악당이 쳐들어와도 끄떡없는 튼튼한 성이 완성된답니다.

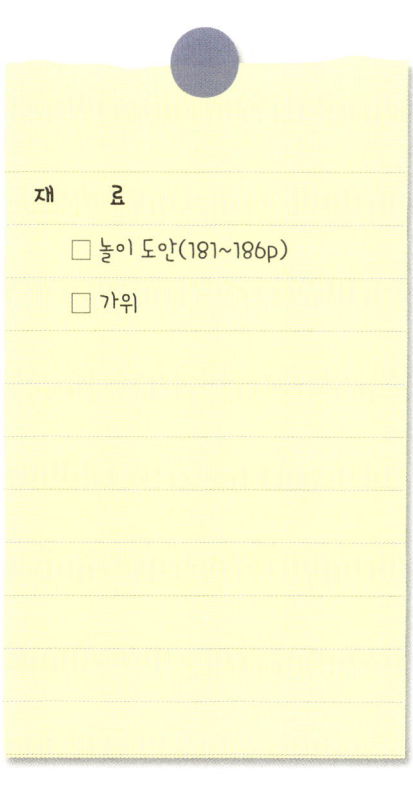

재 료

☐ 놀이 도안(181~186p)
☐ 가위

이런 효과가 있어요

1. 예시 그림을 보고 똑같이 만들어야 하므로 관찰력과 집중력을 높일 수 있어요.

더 재미있게 놀아요

1. 유럽의 다양한 성의 모습을 알아보고, 우리나라의 성은 어떤 모습을 하고 있는지 함께 공부해요.
2. 도안을 완성하는 시간을 재면서 어떤 도안을 가장 빨리 완성하는지, 또 같은 도안을 누가 더 빠르게 완성하는지 겨뤄봐요.

만들기

[멋진 성을 지어요] 도안을 준비해요. 보드판과 예시 그림은 따로 오리지 않아도 돼요.

TIP 예시 그림을 보기 불편하다면 잘라도 상관없어요.

성을 지을 때 사용할 조각 도안을 하나씩 오려 바닥에 펼쳐두세요.

놀기

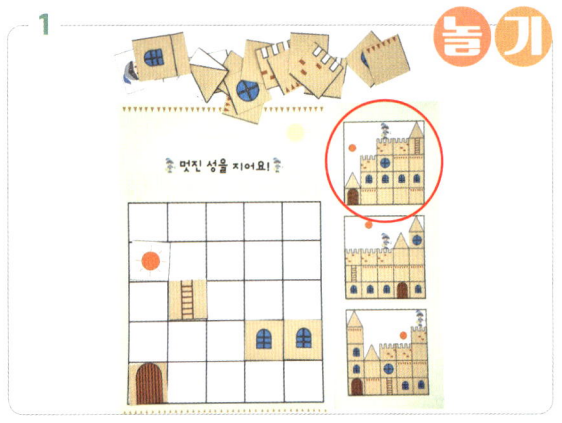

5가지의 성 예시 그림 중에서 하나를 골라요.

성 조각을 보드판의 빈칸에 올려 도안과 똑같은 모양의 성을 지어요.

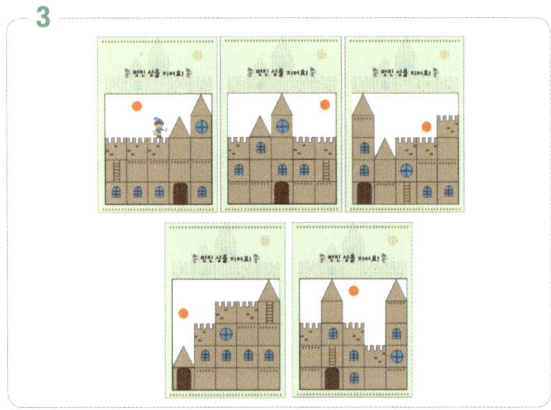

보드판에 5가지의 성을 한 번씩 모두 만들며 재미있게 놀아요.

[퀴즈 놀이]

달고나 게임

재 료
- ☐ 놀이 도안(187~190p)
- ☐ 가위

빨강, 노랑, 초록, 파랑, 보라색의 달고나에
동그라미, 네모, 세모, 별, 하트, 우산 모양 틀을 찍어 달고나를 만들어요.
어떤 색의 달고나에 어떤 모양을 찍어볼까요?

이런 효과가 있어요

1. 색상과 도형을 연결하면서 수학적 지능을 높일 수 있어요.

더 재미있게 놀아요

1. 게임 후 엄마가 번호를 부르면 아이가 그 번호에 해당하는 색깔과 도형을 이야기하며 놀아요. 처음 달고나 빈칸을 채웠던 방법을 거꾸로 하는 거예요.
2. 달고나 카드 대신 번호 칸에 직접 달고나를 그려 넣어도 좋아요.

1 만들기

[달고나 게임] 도안을 준비해요. 보드판은 오리지 말고, 달고나 카드는 하나씩 오려요.

1 놀기

달고나 카드가 한눈에 보이게 바닥에 무작위로 펼쳐요.

2

보드판의 가로에는 달고나의 색깔, 세로에는 모양이 그려져 있어요. 엄마가 보드판의 번호를 부르면, 아이는 번호의 색과 모양을 확인해 그에 맞는 달고나 카드를 찾아 올려요.

TIP 엄마가 숫자 대신 "빨강에 세모", "보라에 별" 이런 식으로 색깔과 모양을 불러주어도 좋아요.

3

같은 방법으로 보드판을 모두 채우면 돼요.

[퀴즈 놀이]

하마에게 먹이를 줘요.

배고픈 하마에게 맛있는 먹이를 줘요.
엄마가 고른 주제에 해당하는 카드를 찾아 입을 크게 벌리고 있는
하마의 입에 넣어주면 하마가 고맙다고 인사할 거예요.

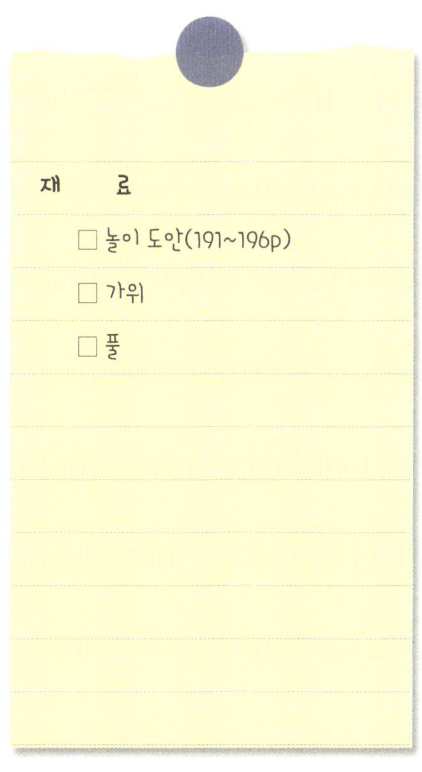

재 료
- ☐ 놀이 도안(191~196p)
- ☐ 가위
- ☐ 풀

이런 효과가 있어요

1. 다양한 색깔의 음식을 알아봐요.
2. 여러 가지 음식을 색상별, 종류별로 구분 짓는 연습을 해요.

더 재미있게 놀아요

1. 한 가지 색깔 카드를 고른 후, 누가 더 빨리 음식 카드를 찾는지 게임해요.
2. 도안에 포함된 음식 카드 이외에 더 다양한 색이나 종류의 음식을 찾아봐요.
3. 빨강은 Red, 노랑은 Yellow, 색깔을 영어로 말하면서 영어 공부도 함께해요.

1

[하마에게 먹이를 줘요] 도안을 모두 오려서 준비해요.

2

하마 얼굴 도안의 점선에 맞게 안쪽으로 접어요.

3

하마 이빨 도안의 위쪽 붙임 상자에 풀칠해요.

4

이빨 도안 위에 2번 과정의 얼굴 도안을 붙여 하마 얼굴을 만들어요.

놀기

1

음식 카드가 한눈에 보이게 바닥에 무작위로 펼쳐요.

2

엄마가 제시하는 주제에 맞는 음식 카드를 골라 하마 입에 넣어줘요. 엄마가 '과일' 카드를 제시하면 아이는 과일 그림이 있는 카드만 골라 하마 입에 넣으면 돼요.

3

엄마가 제시하는 색깔에 맞는 음식 카드를 골라 하마 입에 넣어줘요. 엄마가 '노랑(Yellow)' 카드를 제시하면 아이는 노란색의 음식 카드만 골라 하마 입에 넣으면 돼요.

4

엄마가 제시한 음식의 종류 또는 색깔에 맞는 음식 카드를 하마 입에 넣어서 하마를 배부르게 만들어요.

퀴즈 놀이

나는 누구일까요?

재 료
☐ 놀이 도안(197~202p)
☐ 가위
☐ 칼
☐ 풀

20명의 친구 중에 엄마가 고른 친구가 누군지 알아맞혀 볼까요.
친구들의 특징을 잘 살펴보고 질문을 던지며 힌트를 얻어요.
엄마가 고른 친구는 과연 누구일까요?

이런 효과가 있어요

1. 친구들의 생김새를 자세히 살펴보면서 관찰력을 키워요.
2. 엄마가 알려주는 힌트를 통해 친구를 찾으며 집중력과 추리력을 키워요.

더 재미있게 놀아요

1. 엄마와 번갈아 게임을 하면서 서로 몇 번 만에 맞추었는지 세어보아요. 최대한 적은 질문으로 맞춘 사람이 이기는 거예요.

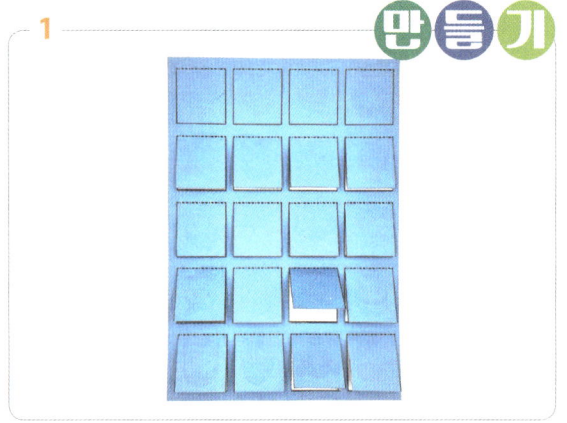
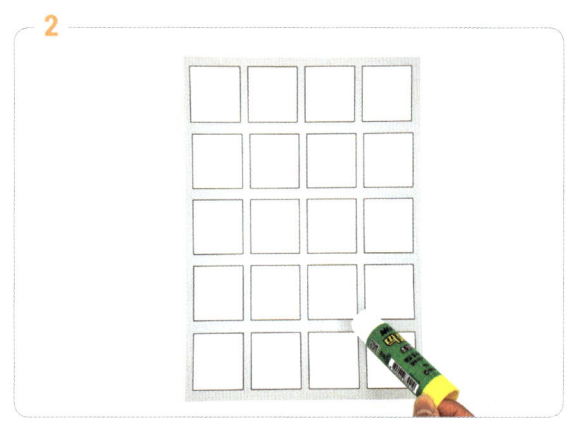

[나는 누구일까요?] 도안을 준비해요. 먼저 뒷면에 사람이 그려진 보드판을 준비하고 검은색 재단선을 따라 칼로 오린 다음, 점선에 맞게 위로 접어요.

보드 밑판 도안은 회색의 붙임 상자에 모두 풀칠해요. 이때 하얀 부분에 풀칠하지 않도록 주의해요.

풀칠한 보드 밑판 위에 1번 과정의 보드판을 하늘색이 위로 오도록 겹쳐 붙여요. 그다음 미리 접어둔 사람 그림이 밑판과 붙지 않고 잘 올라오는지 확인해요.

사람 카드는 굵은 재단선을 따라 오려요.

아이가 보지 못하게 사람 카드를 뒤집은 다음, 엄마는 그중 한 개의 카드를 골라요.

엄마가 사람 카드를 고르는 동안 아이는 보드판의 사람을 모두 위로 세워서 준비해요.

3

아이는 보드판의 사람을 보면서 엄마가 고른 카드가 남자인지 여자인지, 모자를 썼는지 안 썼는지, 머리는 무슨 색깔인지를 물어봐요. 이때 엄마는 '예'와 '아니오'로만 대답할 수 있어요.

4

예를 들어볼게요. 아이가 "남자입니까?"라고 물었을 때, 엄마가 "예"라고 대답한다면 아이는 보드판에서 여자를 모두 아래로 내려요.

5

아이가 "털모자를 썼습니까?"라고 물었을 때, 엄마가 "예"라고 대답하면 아이는 털모자를 안 쓴 사람을 모두 아래로 내려요.

6

아이가 "털모자가 검은색입니까?"라고 물었을 때, 엄마가 "예"라고 대답하면 아이는 검은색 털모자를 쓰지 않은 사람을 모두 아래로 내려요. 이렇게 해서 마지막에 남은 사람이 엄마가 처음에 뽑은 사람 카드와 동일하다면 성공!! 같은 방법으로 엄마와 번갈아 가면서 서로 질문해 상대방이 뽑은 카드를 맞춰보세요.

[가게 놀이]

달콤함 가득 와플을 만들어요.

재 료
- ☐ 놀이 도안(203~216p)
- ☐ 가위
- ☐ 펜
- ☐ 풀

맛있는 와플가게를 오픈했어요.
바삭하고 달콤한 와플 위에 생크림이나 아이스크림과 같은 토핑을 취향껏 잔뜩 올리면 정말 맛있죠.
어떤 종류의 와플을 먹을지 마음대로 주문하고 직접 만들어봐요.

이런 효과가 있어요
1. 다양한 와플의 재료와 와플 만드는 방법을 알아봐요.
2. 주문서에 적힌 대로 와플을 만들면서 규칙을 따르는 과정을 이해해요.

더 재미있게 놀아요
1. 도안에 있는 재료 이외에 원하는 재료가 있다면 직접 그려서 추가해요.
2. 와플과 토핑에 가격을 정하면 주문서대로 와플을 만들면서 가게 놀이는 물론 덧셈 공부도 할 수 있어요.
3. 도안을 모두 코팅하고 와플과 토핑 재료에 양면테이프를 붙이면 더욱 재미있게 놀 수 있어요.

만들기

[와플을 만들어요] 식탁 도안과 주문서 도안을 준비해요. 식탁 도안은 그 자체로 배경판이 되고, 주문서 도안은 재단선을 따라 반으로 잘라요.

와플, 생크림, 아이스크림, 토핑, 시럽 도안을 모두 오려서 준비해요.

놀기

와플 주문서에는 총 6가지의 선택사항이 있어요. 엄마는 각 선택사항에서 하나씩 골라 체크를 해주세요. 아이스크림은 하나만 골라도 돼요.

아이는 엄마의 주문서를 확인하면서 식탁 도안 위에 와플부터 하나씩 재료를 쌓아요.

3

주문서에 적힌 내용대로 와플을 완성해요.

4

주문서를 활용해 다양한 와플을 만들며 즐겁게 가게 놀이를 해보세요.

가게 놀이

맛나요, 맛나. 계란빵가게

추운 겨울에는 밖에서 사 먹는 계란빵 하나면 속이 든든해져요.
반죽을 만들고 계란을 톡 깨서 노릇노릇하게 구워내는 계란빵.
맛있게 구운 계란빵으로 열심히 장사해볼까요?

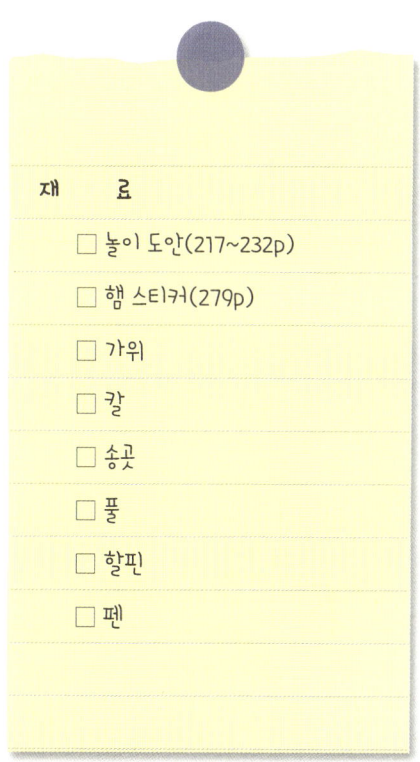

재 료
- ☐ 놀이 도안(217~232p)
- ☐ 햄 스티커(279p)
- ☐ 가위
- ☐ 칼
- ☐ 송곳
- ☐ 풀
- ☐ 할핀
- ☐ 펜

이런 효과가 있어요 ♪

1. 계란빵의 재료와 만드는 방법을 알아봐요.
2. 계란빵을 만들고 가게 놀이를 하면서 역할 놀이도 하고, 계란빵을 사고팔면서 경제 관념도 익혀요.

더 재미있게 놀아요 ♪

1. 박스에 계란빵가게 보드판을 붙이고 지붕 도안과 가격표 도안을 붙이면 더욱 입체적으로 놀이할 수 있어요.
2. 반죽 도안을 코팅한 다음 양면테이프나 벨크로를 이용해 붙였다 떼었다 하면 훨씬 더 재미있어요.

1

[계란빵가게] 도안을 준비해요. 계란빵 보드판을 제외한 모든 도안을 오려서 준비해요.

2

계란빵틀 도안 안쪽 타원형의 하얀색 재단선을 따라 칼로 오리고, 점선에 맞게 접어요.

TIP 빵틀의 타원형을 다 자르는 게 아니라 2/3만 오리고 나머지는 접는 거예요. 전부 다 오리지 않도록 주의하세요.

3

도안의 한가운데를 송곳으로 뚫어요. 가운데의 하얀색 점에 맞춰 송곳으로 뚫고 송곳을 살살 돌려가며 구멍을 넓혀주세요.

4

계란빵틀 뒷면 도안의 가운데에도 같은 방법으로 송곳을 사용해 구멍을 뚫고 넓혀요.

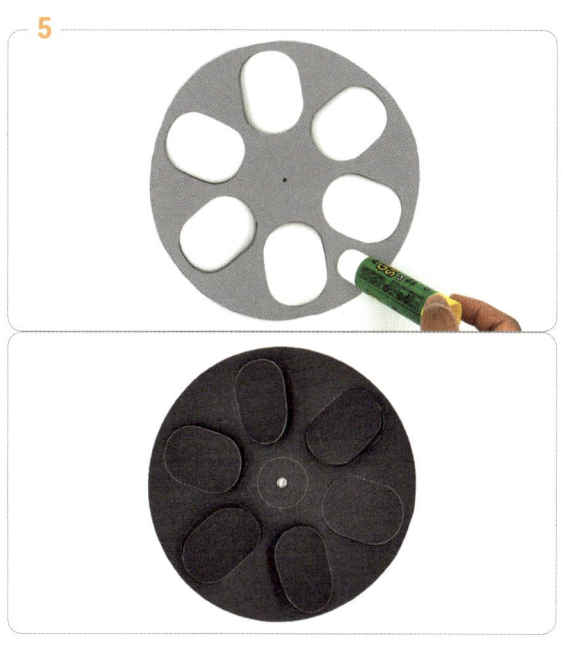

3번 과정의 계란빵틀 도안을 뒤집어 꼼꼼하게 풀칠하고, 4번 과정의 계란빵틀 뒷면 도안 위에 붙여요.

TIP 계란빵틀 도안에 풀을 바를 때는 칼로 동그랗게 오려낸 부분을 제외한 나머지 부분에 풀칠해주세요. 오려낸 부분은 뚜껑처럼 열렸다 닫혔다 해야 해요.

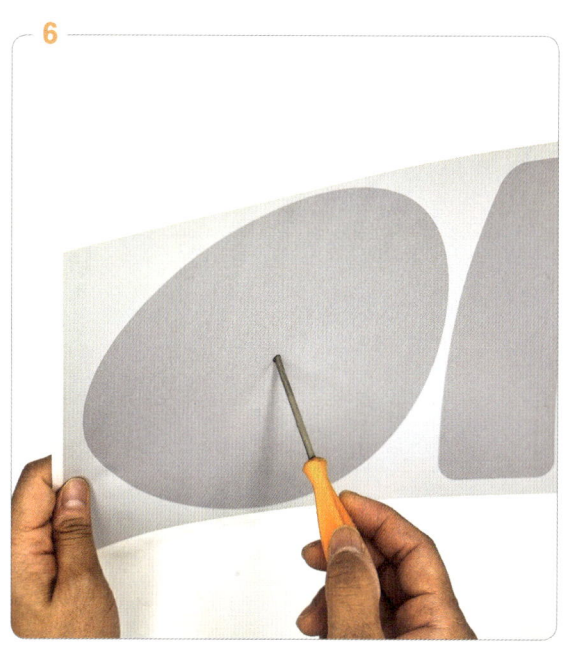

계란빵 보드판 도안의 동그라미 한가운데에 있는 검은색 점을 송곳으로 뚫고 구멍을 넓혀요.

계란빵 보드판 도안 위에 5번 과정에서 붙인 계란빵틀 도안을 올린 다음, 가운데 구멍에 할핀을 넣어 서로 연결해요.

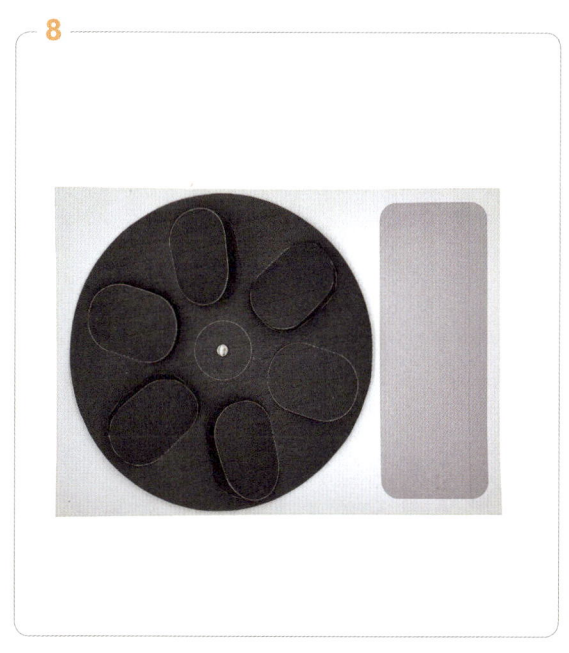

계란빵틀이 잘 돌아갈 수 있도록 할핀을 헐겁게 고정해 보드판을 완성해요.

계란빵 봉투 도안을 점선에 맞게 접은 다음 붙임 상자에 풀칠해요.

TIP 도안에는 계란빵가게 이름이 적혀있지 않아요. 아이와 상의해서 가게 이름을 적어주세요.

도안을 점선에 맞게 접어 붙여 입체감있는 계란빵 봉투를 만들어요.

계란빵 보드판을 준비하고 주전자로 계란빵틀에 반죽을 부어요. 노란색의 빵 반죽을 틀 안에 넣으면 돼요.

빵 반죽 위에 계란을 올려요.

3

계란 위에 소금과 설탕을 톡톡 뿌려서 간을 맞추고, 햄 스티커를 붙여요.

4

계란빵틀의 뚜껑을 모두 덮고 계란빵이 골고루 익을 수 있도록 원형판을 살살 돌리며 익혀요. 다 익은 빵은 옆쪽 네모칸에 올려요.

5

손님이 계란빵을 주문하면 주문한 개수만큼 봉투에 담아서 판매해요.

6

더 실감 나게 놀고 싶다면 큰 상자 위에 도안을 올리고 지붕과 가격표까지 만들어서 진짜 가게처럼 꾸며보세요. 그럼 더욱 재미있게 놀 수 있을 거예요.

TIP 가게 이름과 가격은 아이와 직접 상의하면서 정해요.

[보드게임]

위잉위잉~
곤충을 잡아요.

위잉위잉~ 여름이 되니까 여기저기 곤충이 날아다녀요.
한 마리씩 잡아서 유리병에 넣어볼까요?
누가 더 많이 잡나 내기해요!

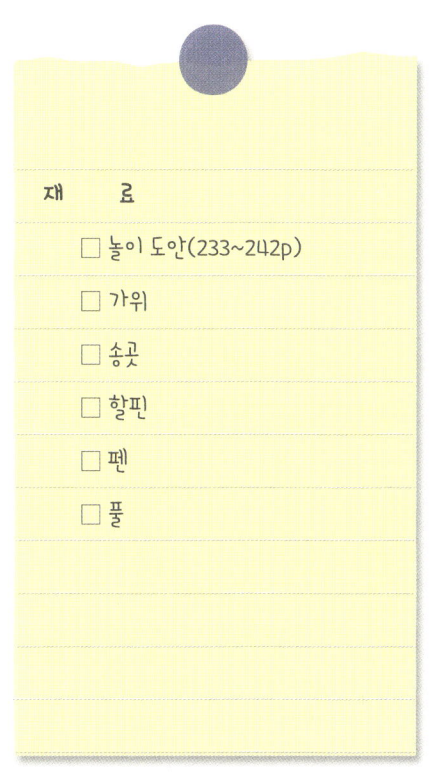

재 료
- ☐ 놀이 도안(233~242p)
- ☐ 가위
- ☐ 송곳
- ☐ 할핀
- ☐ 펜
- ☐ 풀

이런 효과가 있어요

1. 숫자 돌림판을 돌리면서 숫자 공부를 할 수 있어요.
2. 같은 색깔의 곤충을 찾으면서 집중력을 높일 수 있어요.

더 재미있게 놀아요

1. 시간제한을 두고 놀이를 하면 더욱 신나게 놀 수 있어요.
2. 파리채와 곤충 카드를 코팅하고 파리채에 양면테이프를 붙이면 더욱 실감 나게 곤충을 잡을 수 있어요.
3. 놀이를 하다가 한 가지 색깔의 곤충을 유리병에 다 붙이면, 다른 색의 곤충이 나올 때까지 돌림판을 돌려 게임을 진행해요.

1

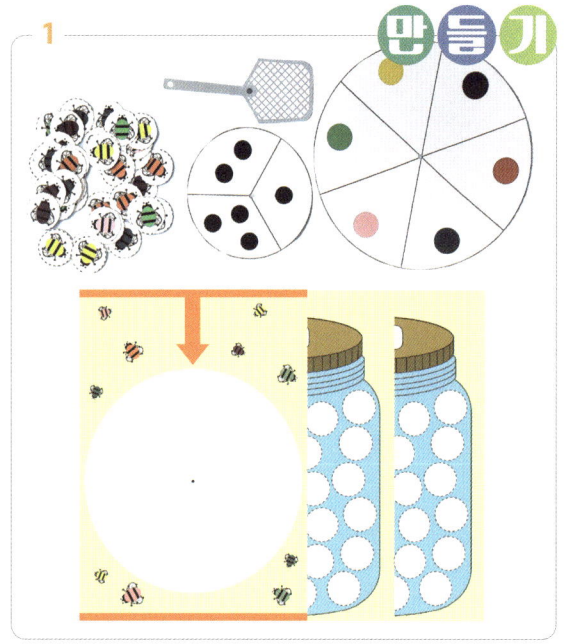

[곤충을 잡아요] 도안을 준비해요. 보드판과 유리병을 제외한 모든 도안을 오려서 준비해요.

2

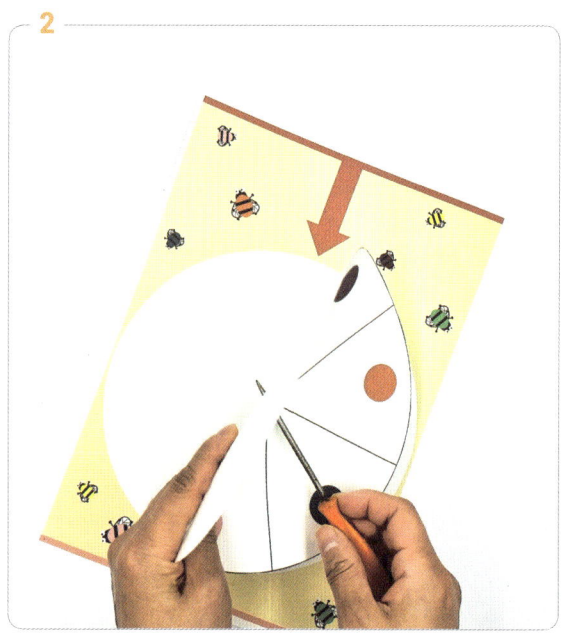

보드판과 색깔 돌림판, 숫자 돌림판의 한가운데에 각각 송곳으로 구멍을 뚫어요.

TIP 구멍을 약간 크게 뚫어야 돌림판이 잘 돌아가니 구멍을 뚫은 다음 송곳을 살짝 돌려 구멍의 크기를 키워주세요.

3

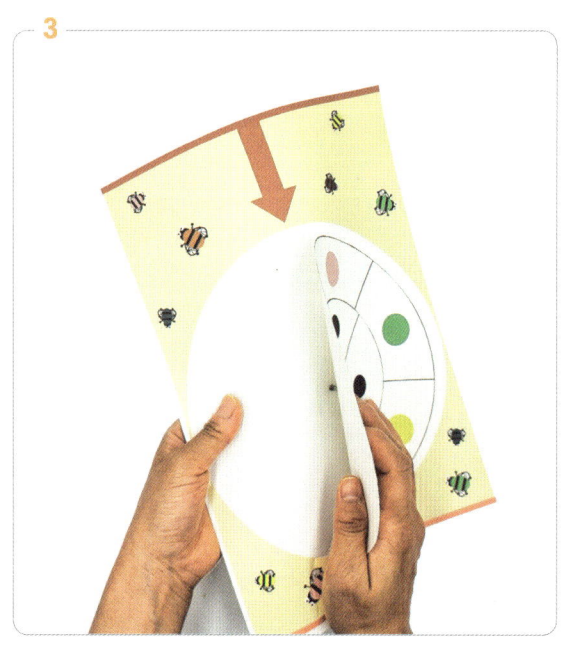

보드판 > 색깔 돌림판 > 숫자 돌림판 순서로 포개고 송곳으로 뚫은 구멍에 할핀을 넣어 고정해요. 이때 두 개의 돌림판이 각각 돌아갈 수 있도록 할핀을 헐겁게 고정해요.

4

돌림판을 손으로 돌려 잘 돌아가는지 확인해요. 두 개의 돌림판이 따로따로 잘 돌아가면 돼요.

놀기

돌림판의 6가지 색깔 동그라미는 곤충의 색을, 검은색 동그라미는 숫자를 의미해요. 각각의 돌림판을 한 번씩 돌려 잡아야 하는 곤충의 색과 숫자를 정해요.

곤충의 색과 숫자가 정해졌다면 파리채를 이용해 곤충을 잡아요.

TIP 파리채 손잡이 뒤쪽에 이쑤시개를 붙이면 튼튼하게 가지고 놀 수 있어요.

유리병에 이름을 쓰고 잡은 곤충을 자신의 유리병에 붙여요.

엄마와 번갈아가며 곤충을 잡아 가장 먼저 유리병을 채우는 사람이 이기는 게임이에요.

[보드게임]

매콤달콤, 떡볶이를 만들어요.

재 료
- ☐ 놀이 도안(243~258p)
- ☐ 가위
- ☐ 풀
- ☐ 펜

복불복 떡볶이를 만들어볼까요?
주사위를 굴려 나오는 숫자만큼 보드판의 말을 이동해 떡볶이를 만들어요.
자칫하면 떡이 없는 떡볶이가 완성될 수도 있으니 신중하게 주사위를
던져 완성해요.

이런 효과가 있어요 ♪

1. 떡볶이의 재료에는 어떤 것이 있는지 알아봐요.
2. 재료를 넣고 빼는 과정을 통해 덧셈과 뺄셈을 공부할 수 있어요.

더 재미있게 놀아요 ♪

1. 게임 규칙은 얼마든지 변경이 가능해요. 책에서는 덧셈과 뺄셈만 활용했지만, 곱셈이나 나눗셈 등 여러 수식을 넣어 난도를 올려도 좋아요.

만들기

1 [떡볶이를 만들어요] 도안을 준비해요. 보드판과 떡볶이 냄비 두 개는 오리지 말고 그대로 준비해요.

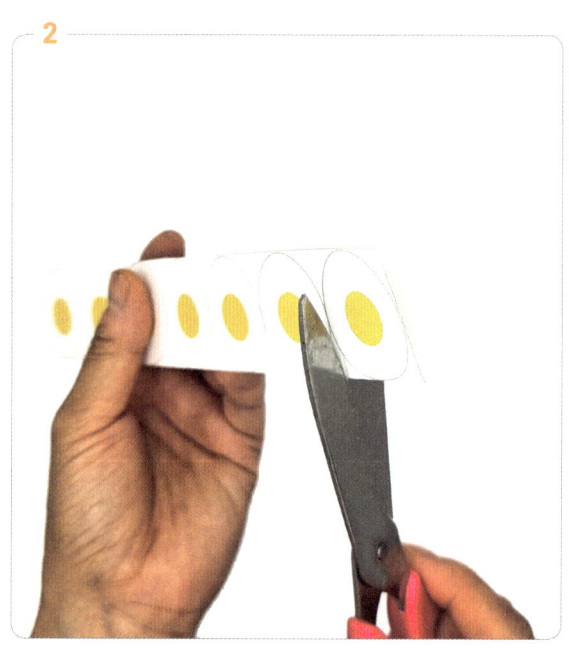

2 떡볶이 재료를 만들어요. 달걀 도안을 점선에 맞춰 반으로 접은 다음 한쪽 면에 있는 재단선을 따라 오려요.

> **TIP** 도안을 반으로 접어 오리면 한 번에 두 개씩 바르게 오릴 수 있어요.

3 같은 방법으로 6가지의 떡볶이 재료를 모두 오려요.

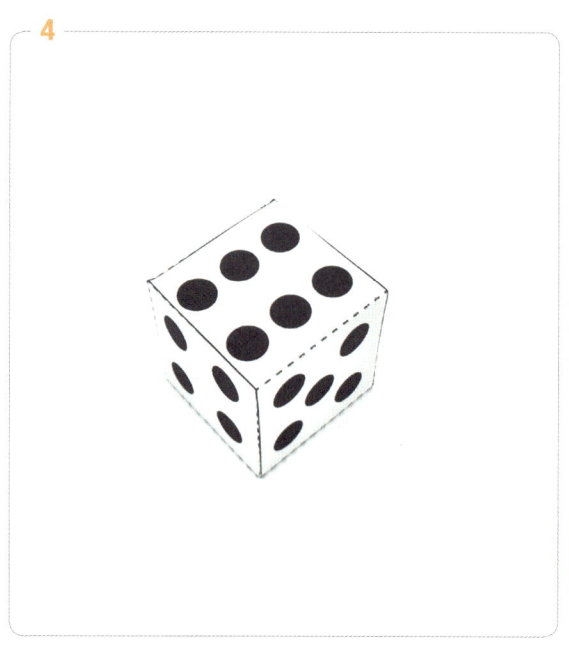

4 주사위 도안을 준비해요. 도안의 재단선을 따라 오리고, 점선에 맞춰 접은 다음 풀로 붙여 주사위를 만들어요.

5

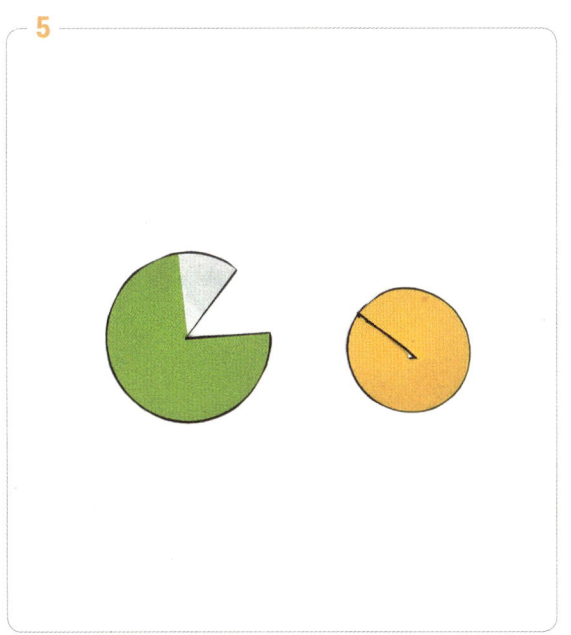

보드게임의 말이 될 도안을 준비해요. 재단선을 따라 오리고 붙임 상자에 풀칠해요. 그다음, 반대편 모서리를 붙임 상자 위에 겹쳐 붙여 원뿔 형태가 되도록 만들어요.

6

보드판에 숫자를 적어요. 보드판의 안쪽 타원에는 더하기(+)와 숫자를, 바깥쪽 타원에는 빼기(-)와 숫자를 적어요. 숫자는 1~6까지의 숫자 중 아무거나 적으면 돼요.

TIP 책에서는 덧셈과 뺄셈만 활용했어요. 여기서 더하기(+)는 재료를 넣는 것이고, 빼기(-)는 재료를 빼는 거예요.

놀기

1

보드판의 시작 위치에 말을 올리고 한 명씩 차례대로 주사위를 던져 나온 숫자만큼 말을 옮기며 떡볶이 냄비에 재료를 더하고 빼요. 총 세 바퀴를 도는데, 처음에는 안쪽 타원을 두 바퀴 돌면서 재료를 추가하고, 마지막에는 바깥쪽 타원을 한 바퀴 돌면서 재료를 빼요.

2

순서대로 보드판을 돌면서 재료를 더하고 빼 떡볶이를 만들어요. 세 바퀴를 모두 돈 다음 누가 더 떡볶이를 맛있게 만들었는지 자랑해봐요.

TIP 빨간색 셀로판지를 준비해 완성된 떡볶이 냄비 위에 덮으면 더욱 실감 나게 놀이할 수 있어요.

[보드게임]

농장에서 채소를 수확해요.

토마토, 브로콜리, 감자, 가지, 당근, 파프리카.
총 6가지의 채소가 농장에 가득 자랐어요.
채소들을 수확해 창고에 종류별로 차곡차곡 정리하려고 하는데
도와주실래요?

재 료
☐ 놀이 도안(259~276p)
☐ 가위
☐ 풀

이런 효과가 있어요

1. 다양한 종류의 채소에 대해 알아봐요.
2. 채소에 대해 이야기를 나누면서 편식을 줄일 방법을 고민해요.

더 재미있게 놀아요

1. 밭 도안과 채소 도안을 코팅하고, 채소 도안 뒷면에 양면테이프를 붙이면 더욱 실감 나게 놀이를 할 수 있어요.
2. 밭에 채소가 한두 종류만 남았을 때는, 채소 주사위는 빼고 숫자 주사위만 던져서 옮겨주세요.

1

[농장에서 채소를 수확해요] 도안을 준비해요. 밭 도안과 창고 도안 2장은 오리지 말고 준비해요.

2

나머지 도안을 오려요. 채소의 경우 크기가 작으니 네모 모양으로 오려도 되고, 테두리를 따라 오려도 좋아요. 편한 방법으로 오리세요.

3

숫자 주사위를 만들어요. 재단선을 따라 도안을 오린 다음, 점선에 맞춰 접고 풀로 붙여 주사위를 만들어요. 같은 방법으로 채소 주사위도 만들어요.

4

창고 도안에 채소 바구니 도안을 붙여요. 안쪽에 채소를 넣어 정리해야 하니 붙임 상자를 따라 양옆과 아래쪽 테두리에만 풀로 붙여요. 같은 방법으로 창고 2개에 모두 바구니를 붙여요.

5

창고 문은 점선에 맞춰 안쪽으로 접어요.

6

4번 과정의 창고에 5번 과정의 문을 달아요. 창고 입구 양옆의 붙임 상자에 풀칠해 문을 붙여 여닫을 수 있도록 만들어요.

7

수레를 만들어요. 도안을 오린 다음, 그중 한 장을 뒤집어 붙임 상자에 풀칠해요. 그다음 나머지 한 장과 겹쳐 붙여 안쪽에 채소를 넣을 수 있도록 입체적으로 만들면 돼요.

> **TIP** 수레 도안을 서로 완벽하게 붙이는 게 아니라 가운데를 제외한 바깥 테두리 부분에만 풀칠해 붙여야 안쪽에 채소를 넣을 수 있어요.

1

밭 도안에 채소들을 마구마구 섞어서 올려요.

2

순서를 정해 엄마와 아이가 차례대로 채소 주사위와 숫자 주사위를 던져요.

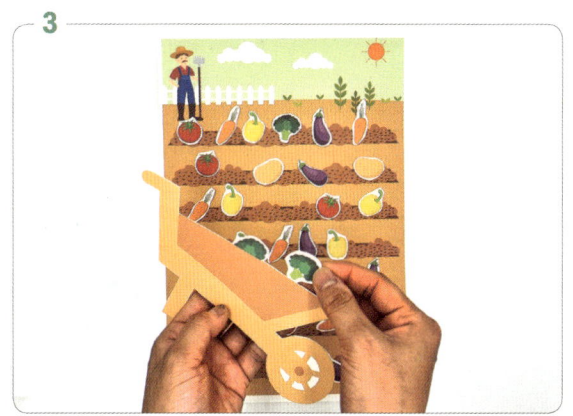

3

채소 주사위에서 나온 채소를 숫자 주사위에서 나온 숫자만큼 밭에서 수확해 수레에 담아요. 만약 밭에 채소의 종류가 별로 없다면 숫자 주사위만 던져서 나온 숫자만큼 수확해요.

4

수확한 채소를 창고로 옮겨와 바구니 안에 구분해 담아요. 밭에 있는 채소를 모두 다 수확하여 창고를 더 많이 채운 사람이 승리하는 게임이에요.

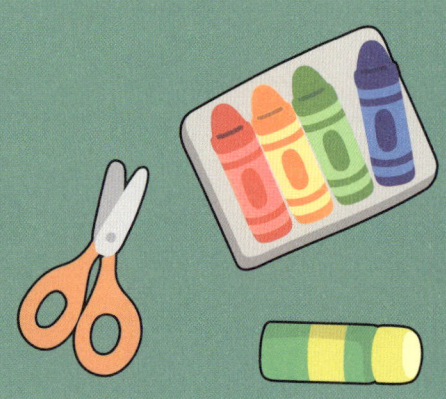

엄마표 종이놀이
도 안

쓱싹쓱싹 엄마표 종이놀이의 모든 도안이 들어있어요. 페이지를 확인하고 원하는 도안을 선택해서 만들면 돼요. 이때 주의할 점!! 도안 중 검은색 실선이 없는 도안의 경우에는 한 페이지 전체를 사용하는 놀이판/배경판이니 따로 오릴 필요가 없어요. 중간중간에는 컬러링 도안도 섞여 있으니 마음껏 칠하며 놀아요.

색연필을 정리해요 ❶

색연필을 정리해요 ❷

꽃에 나비가 날아와요 ❶

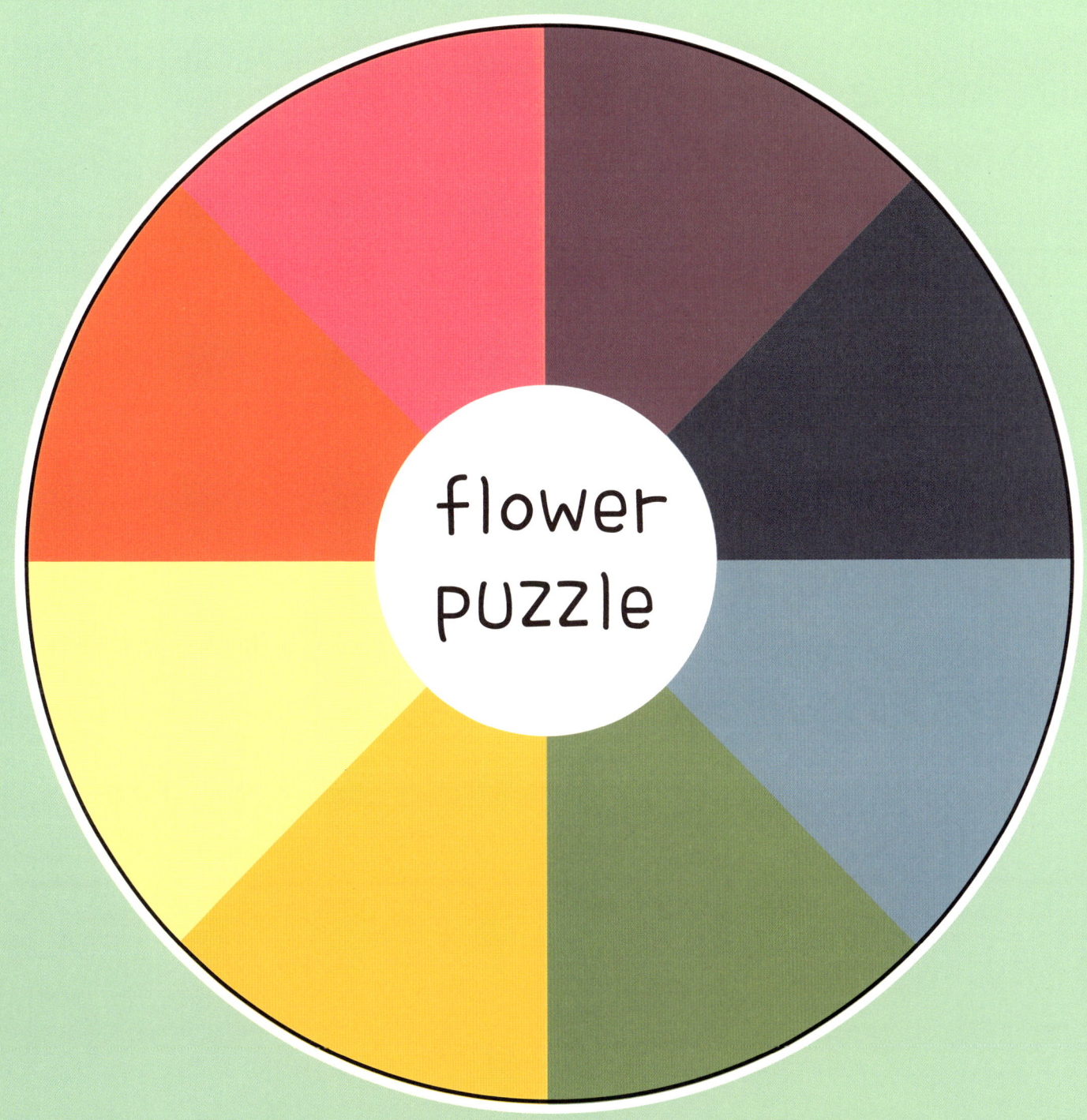

107

꽃에 나비가 날아와요 ❷

109

꽃에 나비가 날아와요 ❸

꽃에 나비가 날아와요 ❹

꽃에 나비가 날아와요 ❺

시원한 주스를 만들어요 ❷

121

시원한 주스를 만들어요 ❸

123

무지개다리를 만들어요 ❸

131

북극곰에게 이불을 덮어줘요 ❷

135

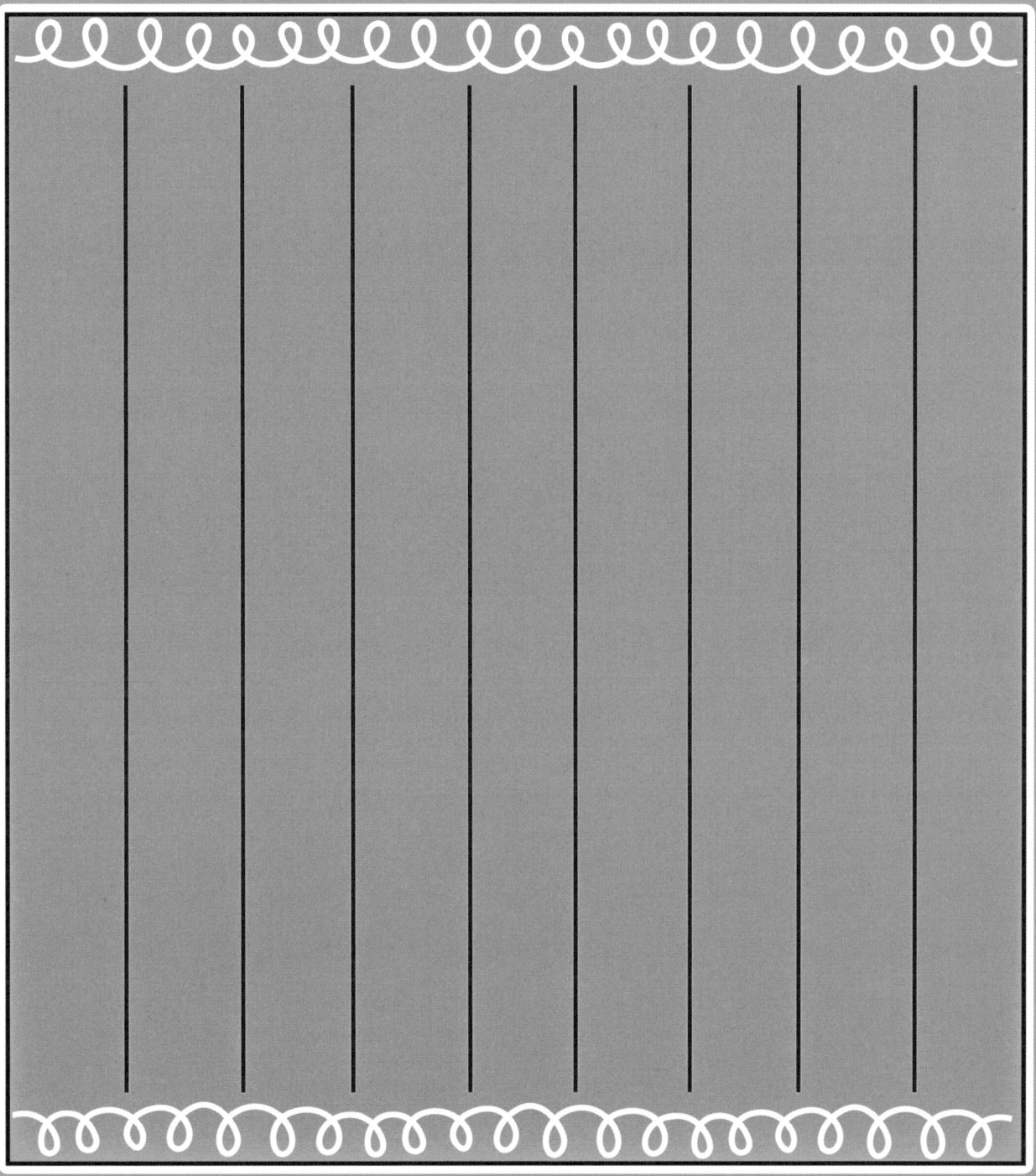

북극곰에게 이불을 덮어줘요 ❹

자라나라, 선인장 ❷

143

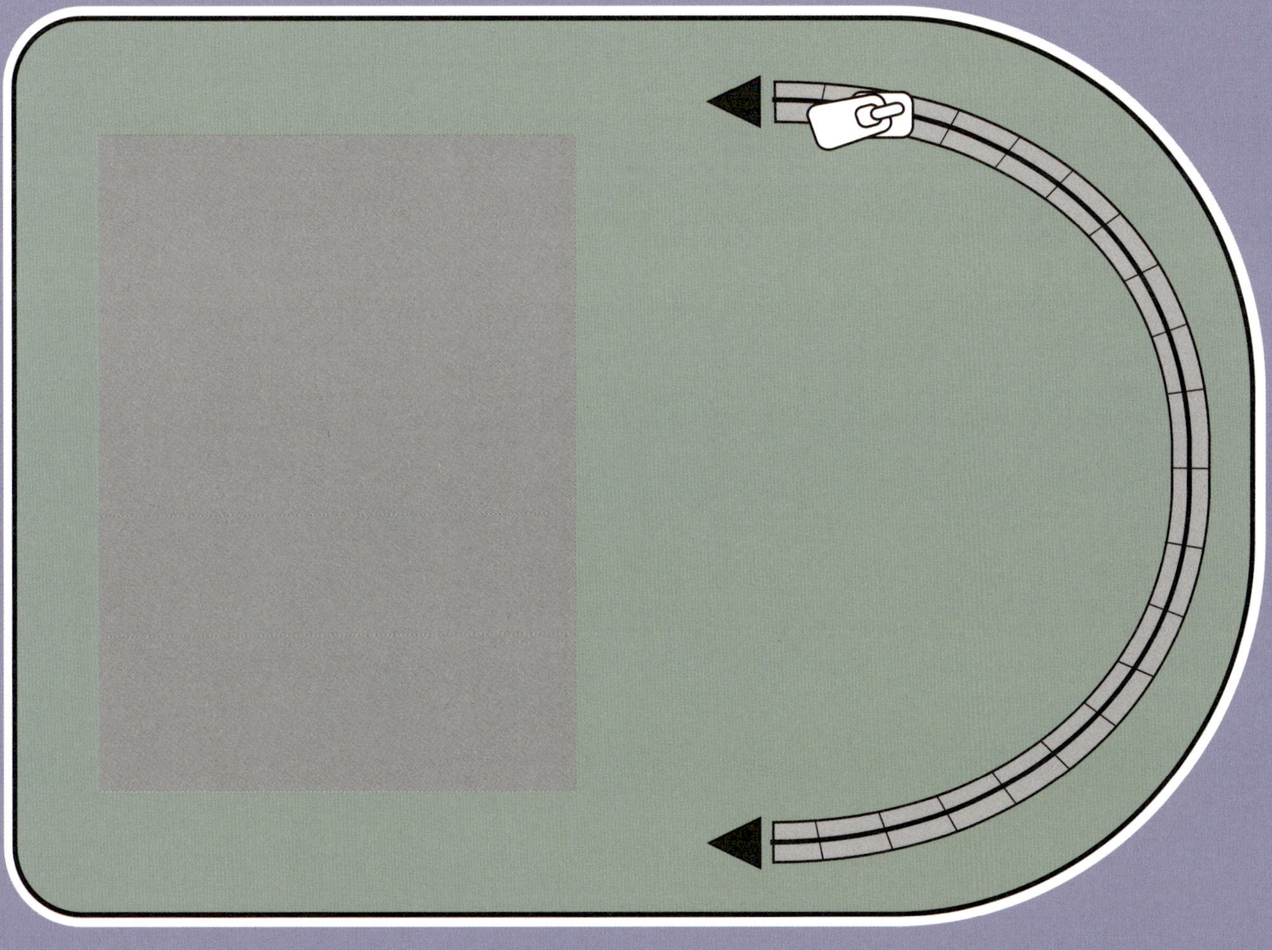

책가방을 정리해요 ❶

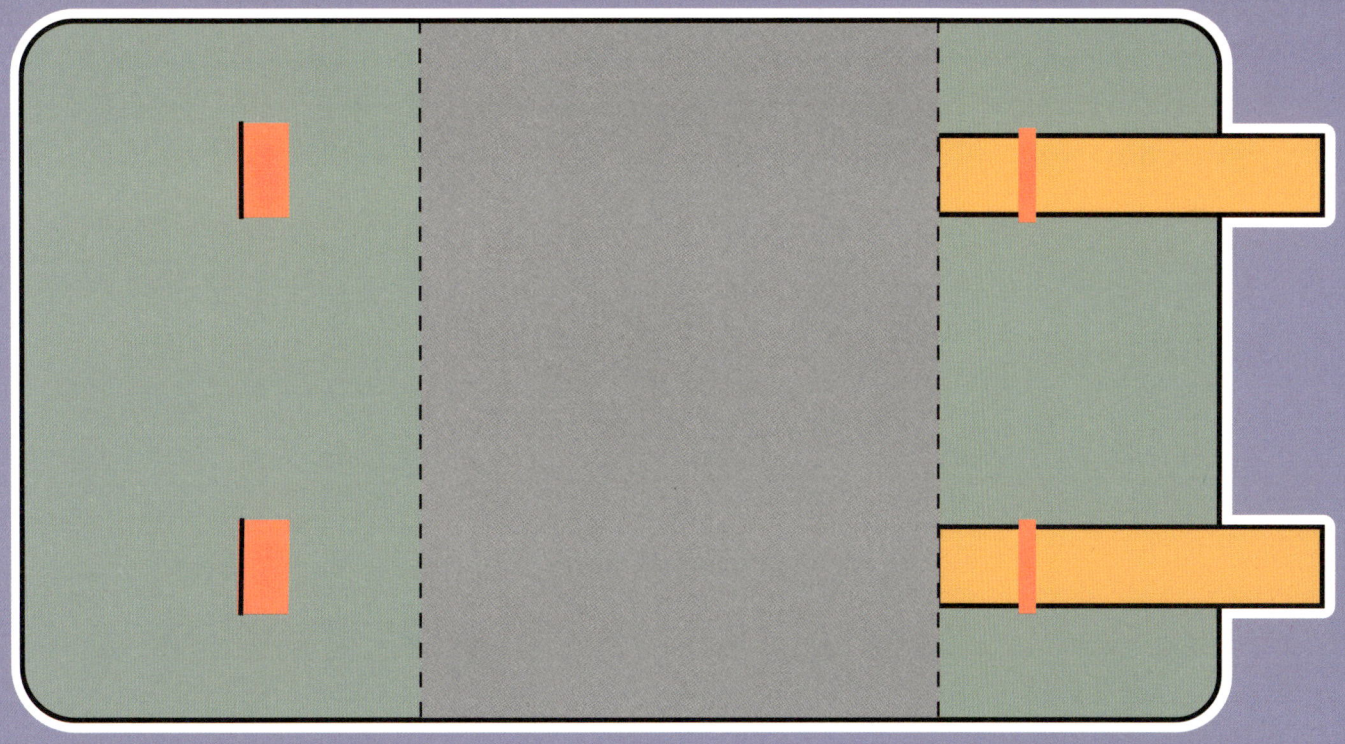

책가방을 정리해요 ❷

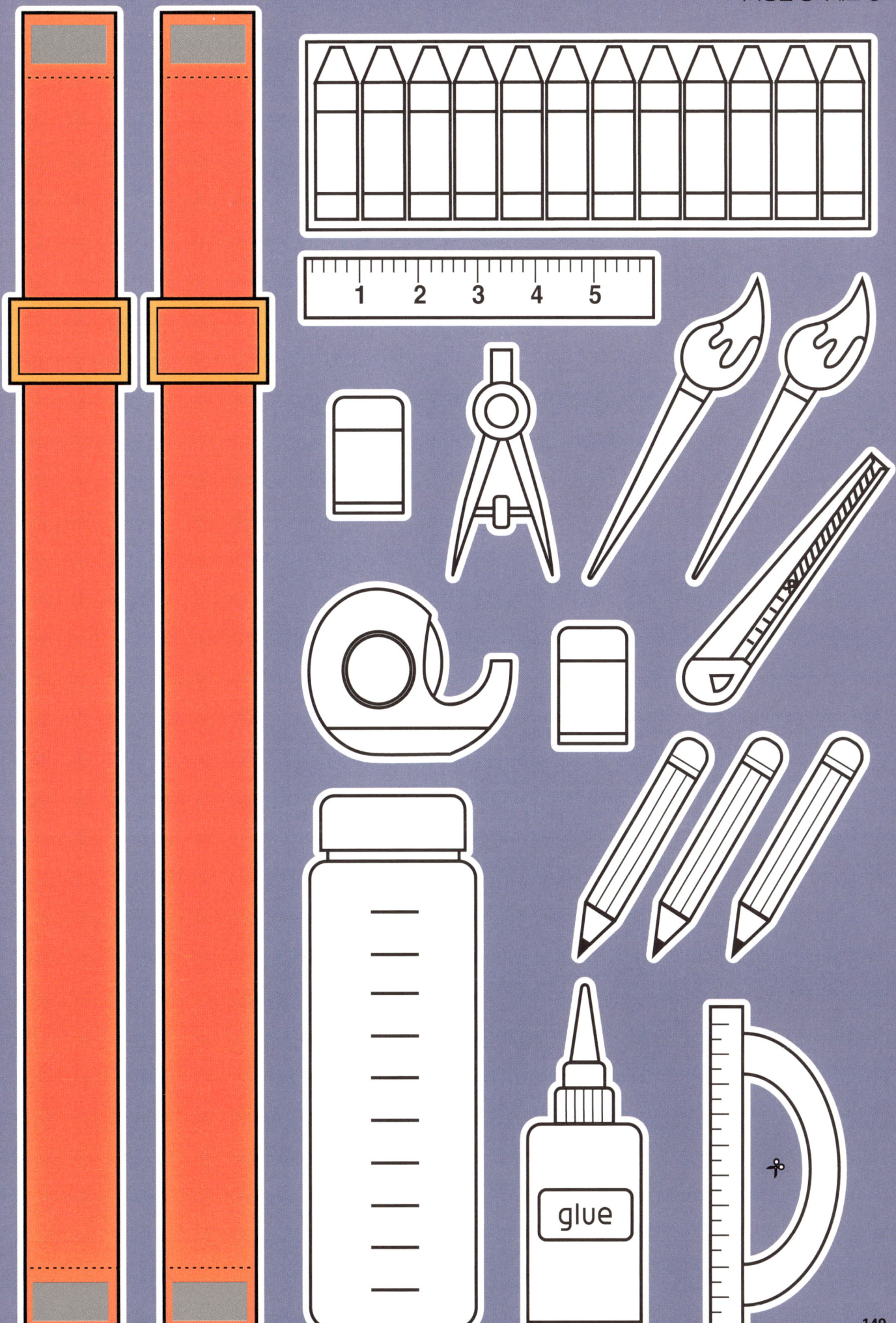

창문을 붙여주세요 ❷

캠핑을 가요 ❸

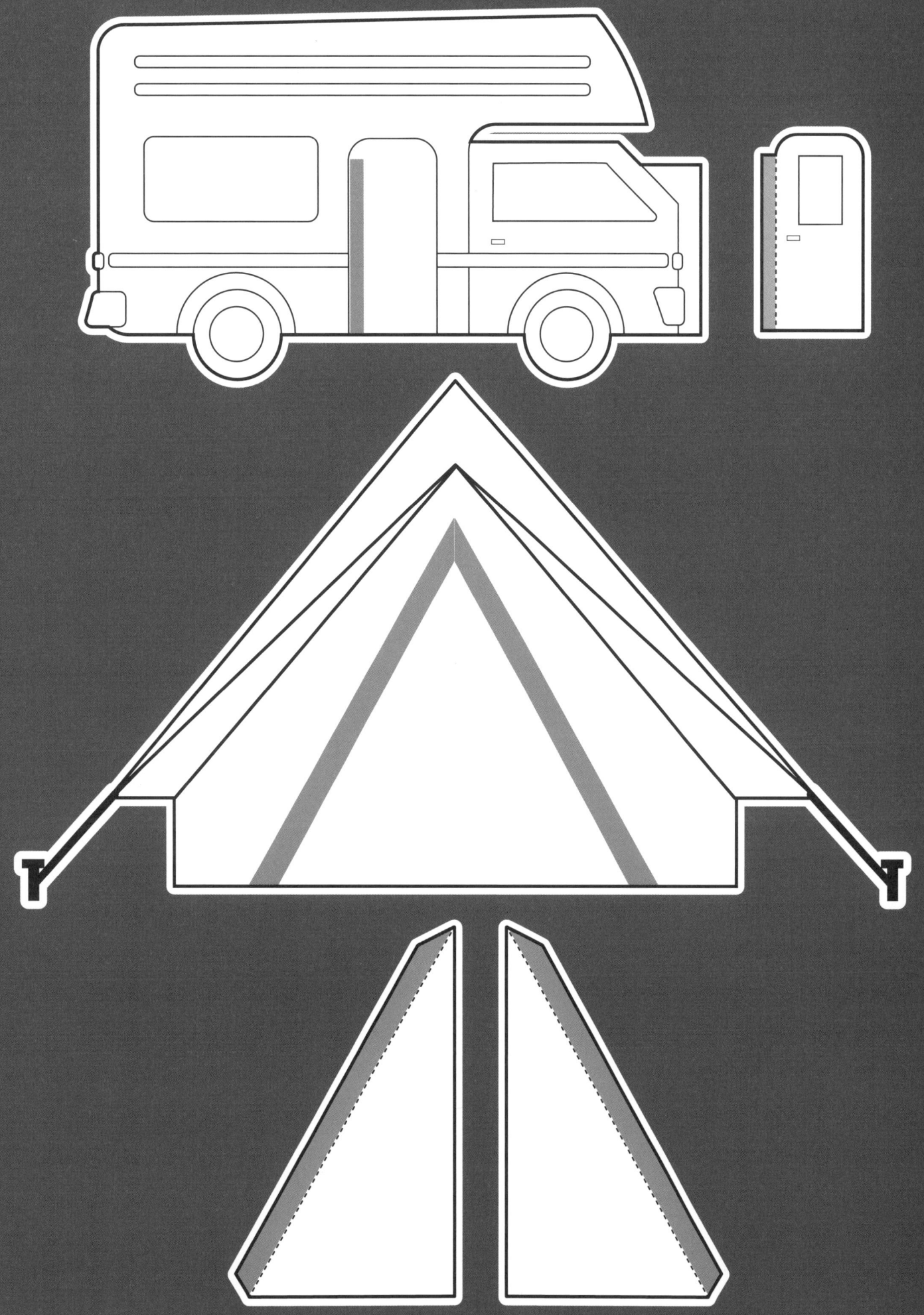

캠핑을 가요 ⑤

도형을 찾아요

LEVEL 1.

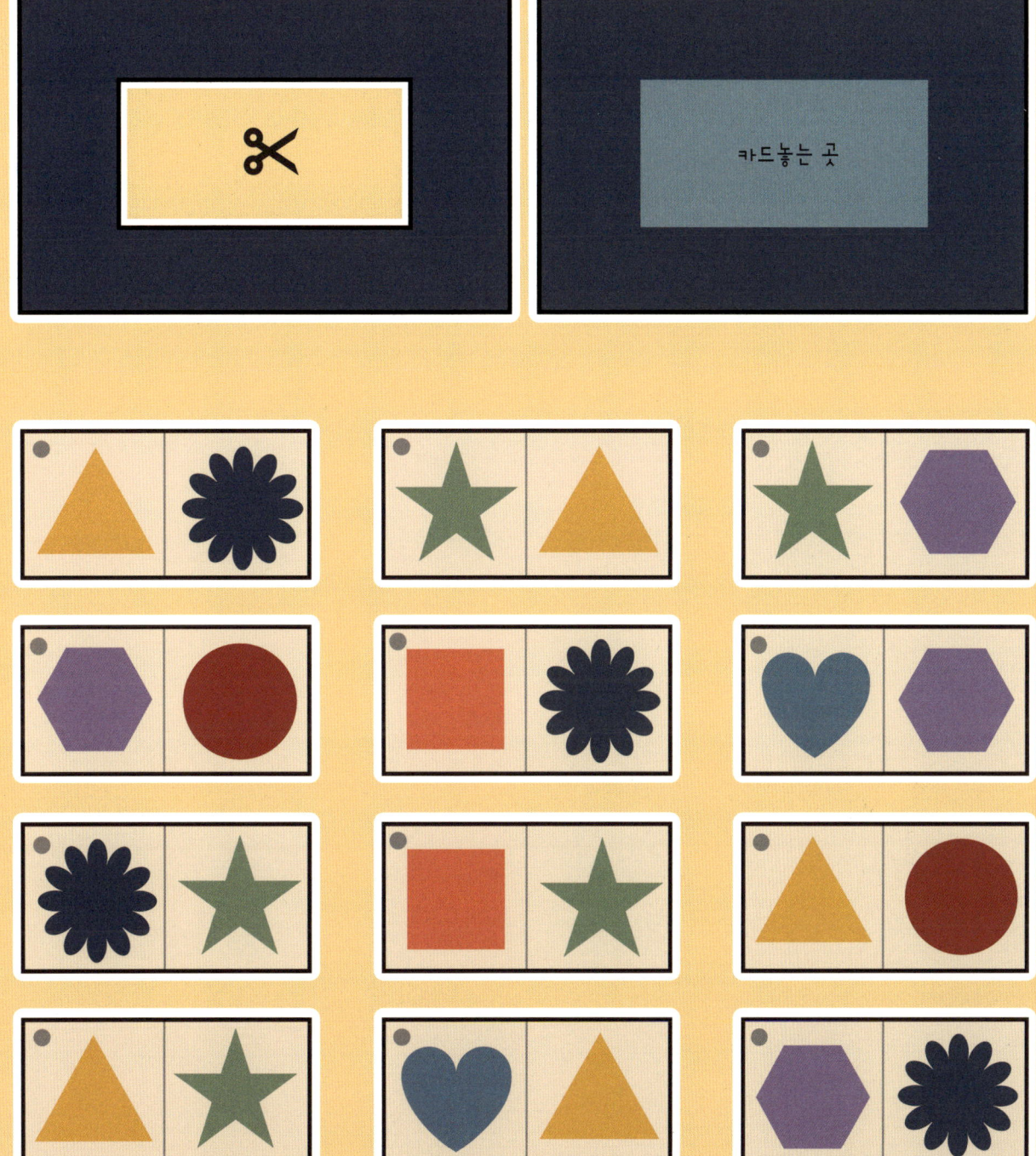

LEVEL 2.

LEVEL 3.

카드놓는 곳

12 별자리

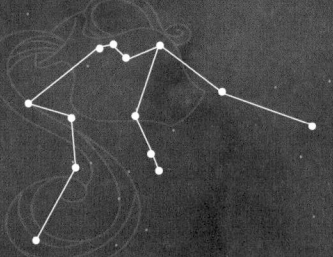
물병자리

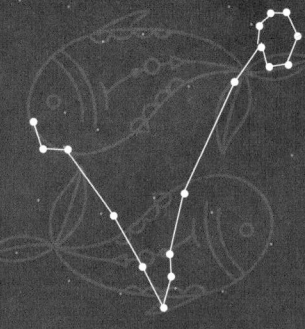
물고기자리

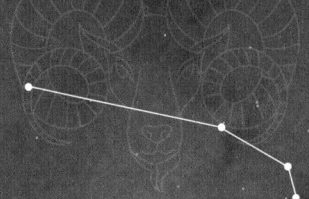
양자리

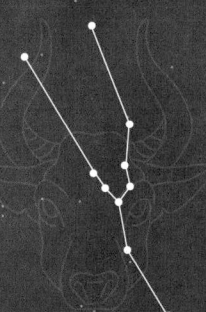
황소자리

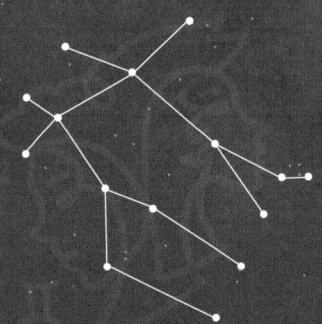
쌍둥이자리

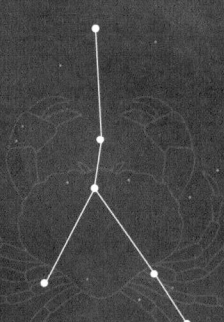
게자리

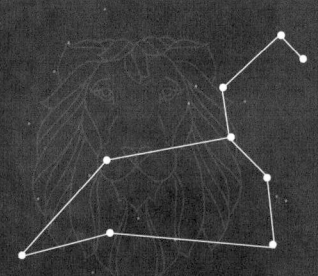
사자자리

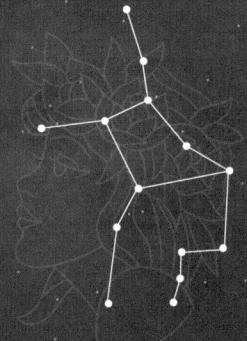
처녀자리

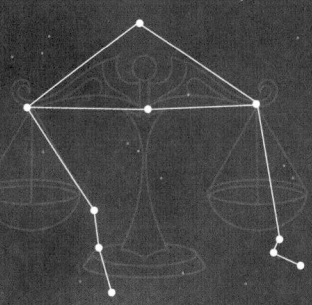
천칭자리

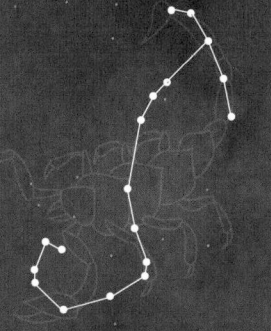
전갈자리

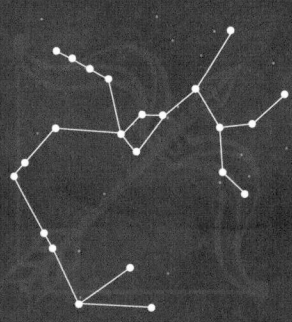
사수자리

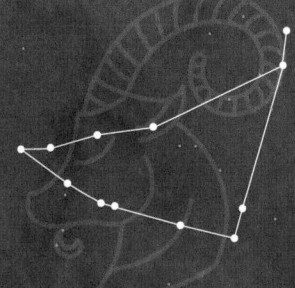
염소자리

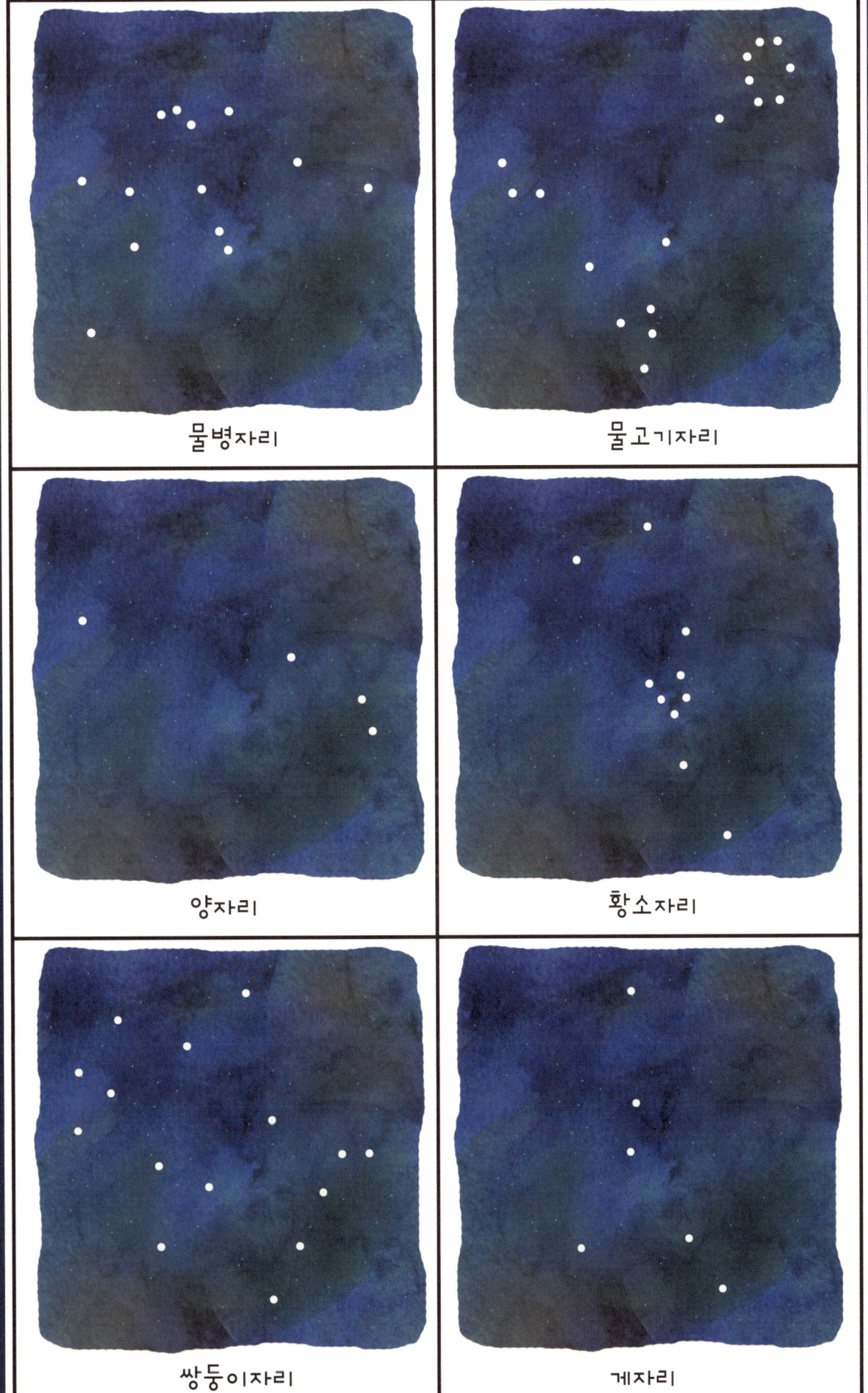

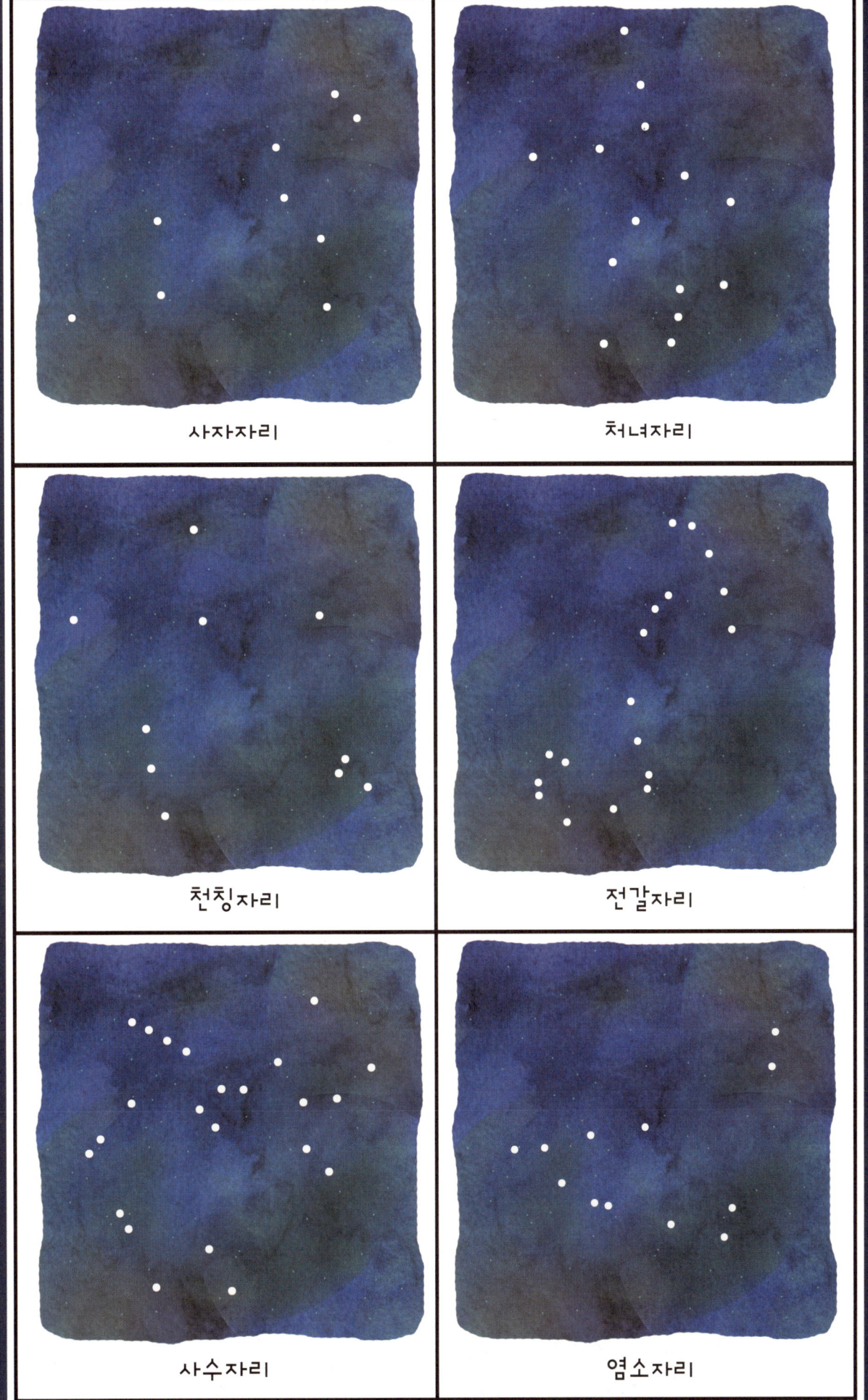

멋진 성을 지어요 ❷

멋진 성을 지어요 ❸

달고나 게임

	🔴	🟡	🟢	🔵	🟣
●	1	2	3	4	5
■	6	7	8	9	10
▲	11	12	13	14	15
★	16	17	18	19	20
♥	21	22	23	24	25
☂	26	27	28	29	30

달고나 게임 ❷

하마에게 먹이를 줘요 ❶

하마에게 먹이를 줘요 ❷

193

하마에게 먹이를 줘요 ❸

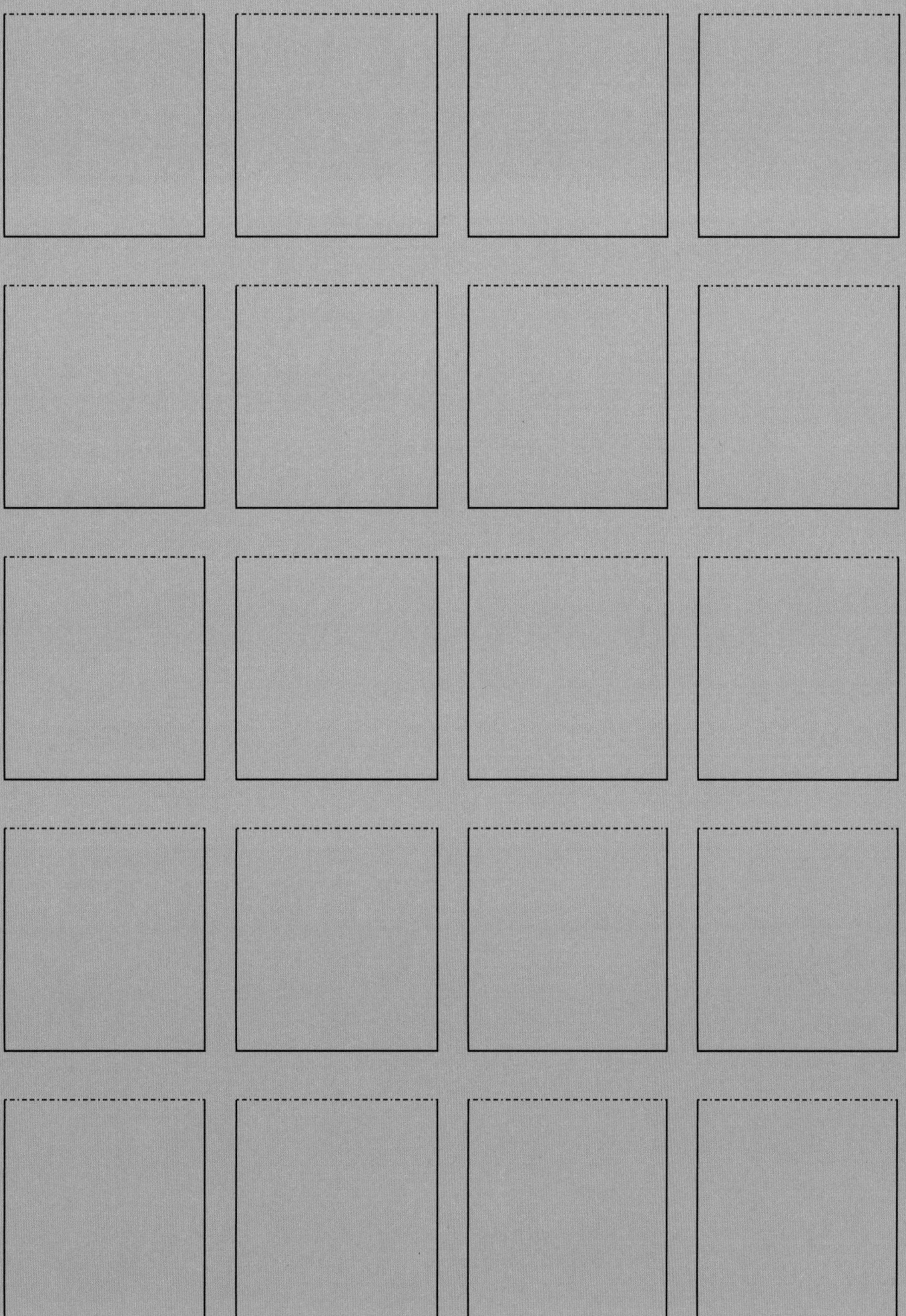

나는 누구일까요? ❷

나는 누구일까요? ❸

〈와플 주문서〉

와플	(개)	(개)	(개)	(개)		
생크림	우유	딸기	초코	망고		
토핑	망고	치즈	팥	멜론	딸기	블루베리
아이스크림1	딸기	망고	캐러멜	초코	블루베리	멜론
아이스크림2	딸기	망고	캐러멜	초코	블루베리	멜론
시럽	멜론	딸기	초코	블루베리	캐러멜	망고

〈와플 주문서〉

와플	(개)	(개)	(개)	(개)		
생크림	우유	딸기	초코	망고		
토핑	망고	치즈	팥	멜론	딸기	블루베리
아이스크림1	딸기	망고	캐러멜	초코	블루베리	멜론
아이스크림2	딸기	망고	캐러멜	초코	블루베리	멜론
시럽	멜론	딸기	초코	블루베리	캐러멜	망고

와플을 만들어요 ❸

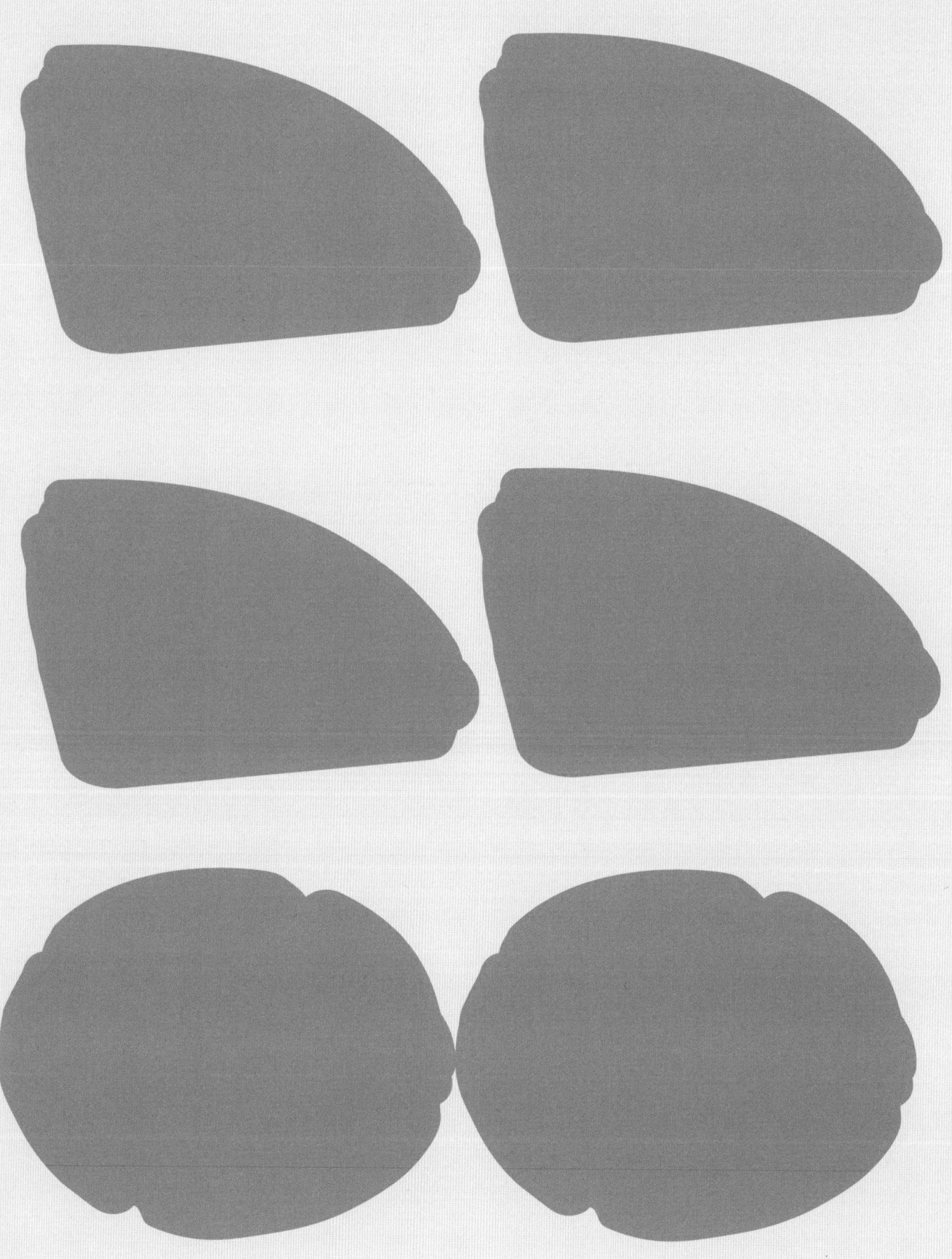

와플을 만들어요 ❺

와플을 만들어요 ❻

213

와플을 만들어요 ❼

215

계란빵가게 ❶

계란빵가게 ❷

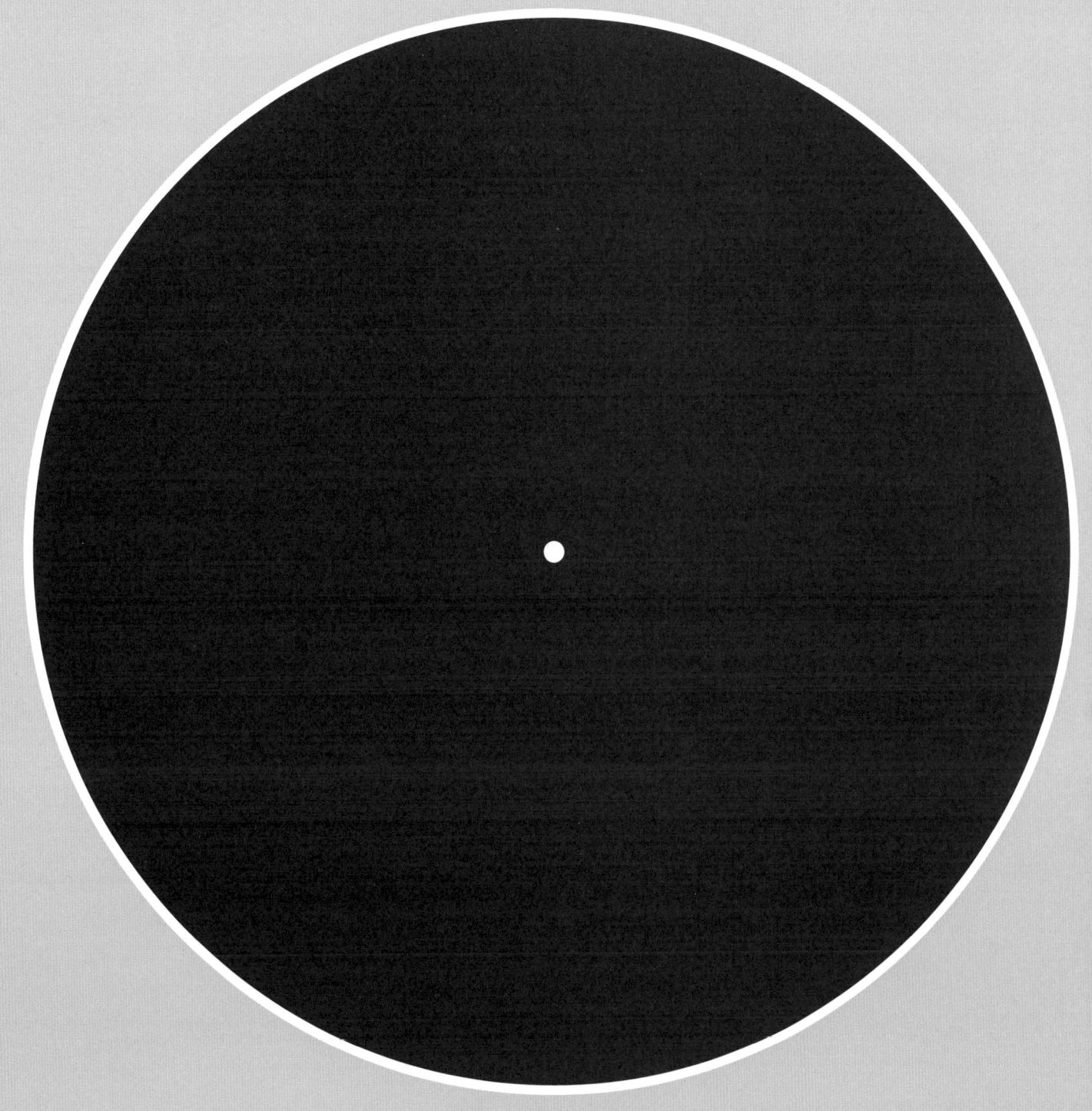

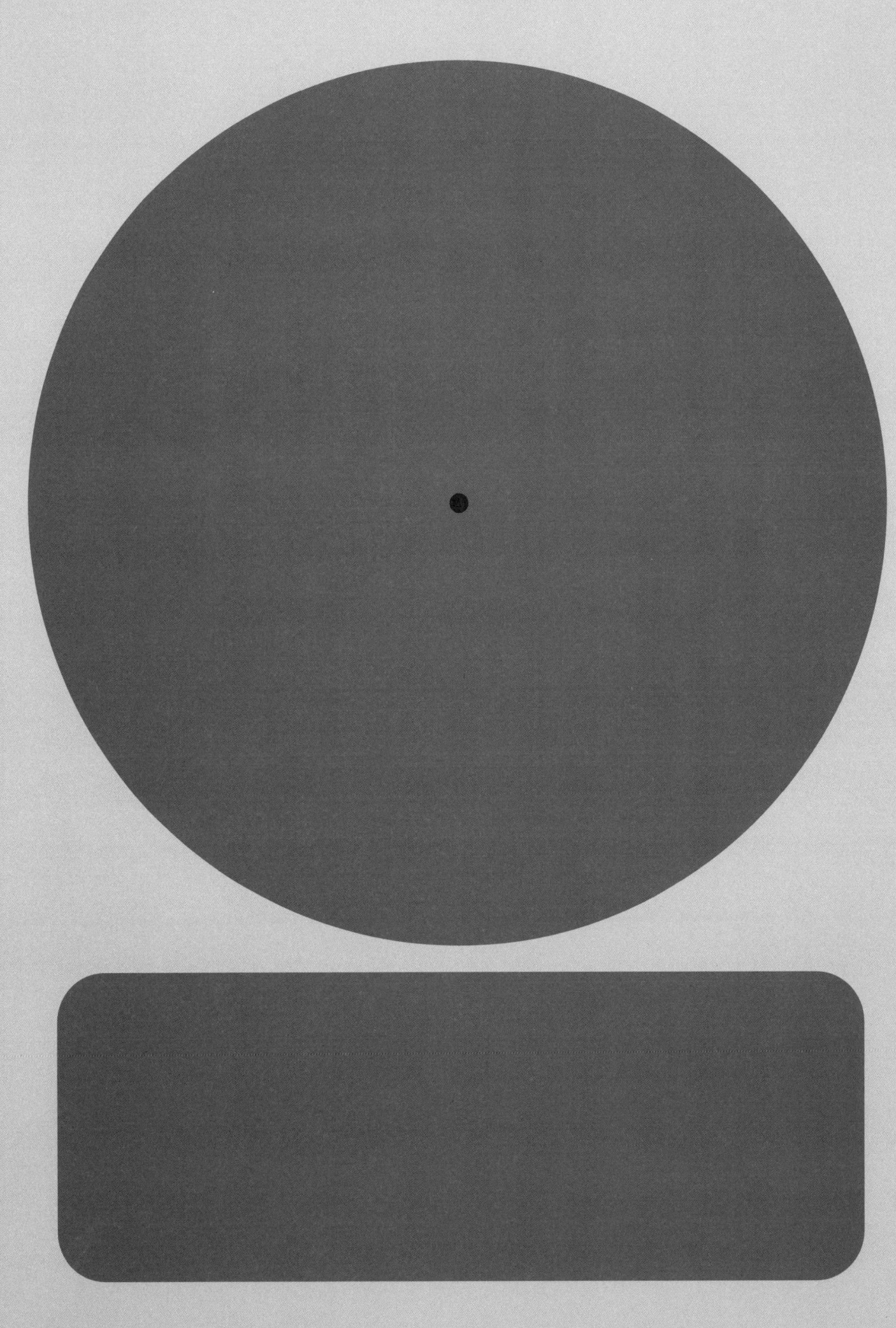

계란빵가게 ❹

계란빵가게 ❺

계란빵가게 ❼

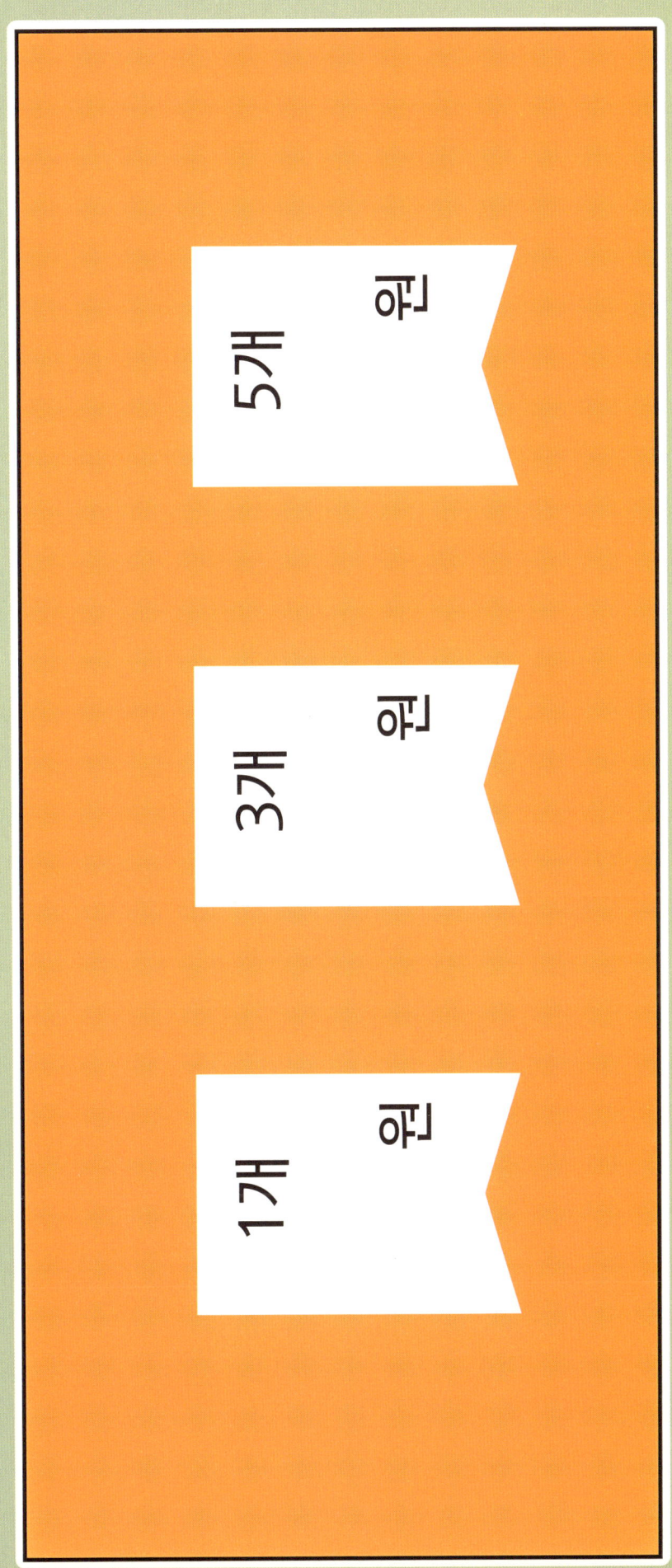

곤충을 잡아요 ❷

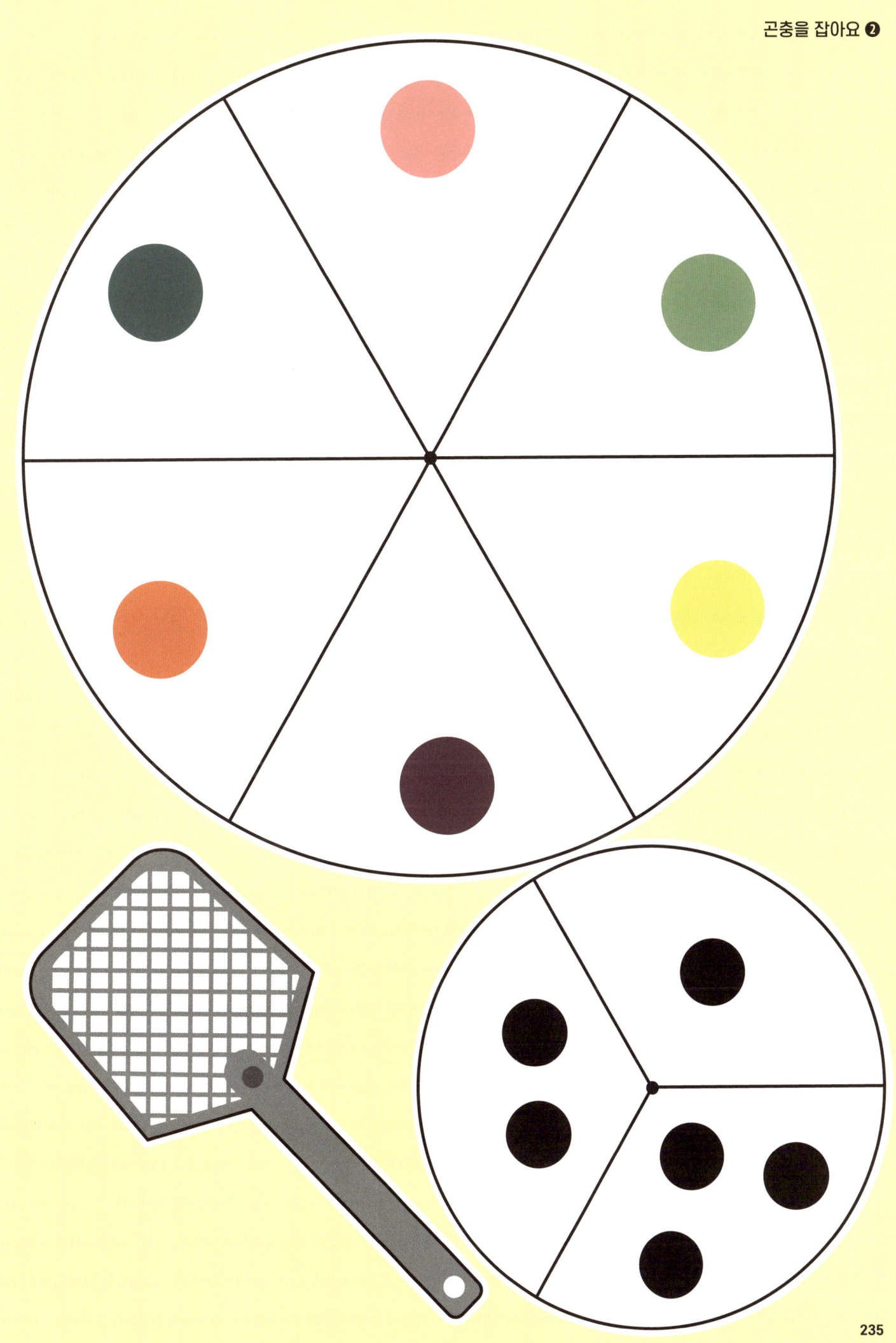

235

곤충을 잡아요 ❸

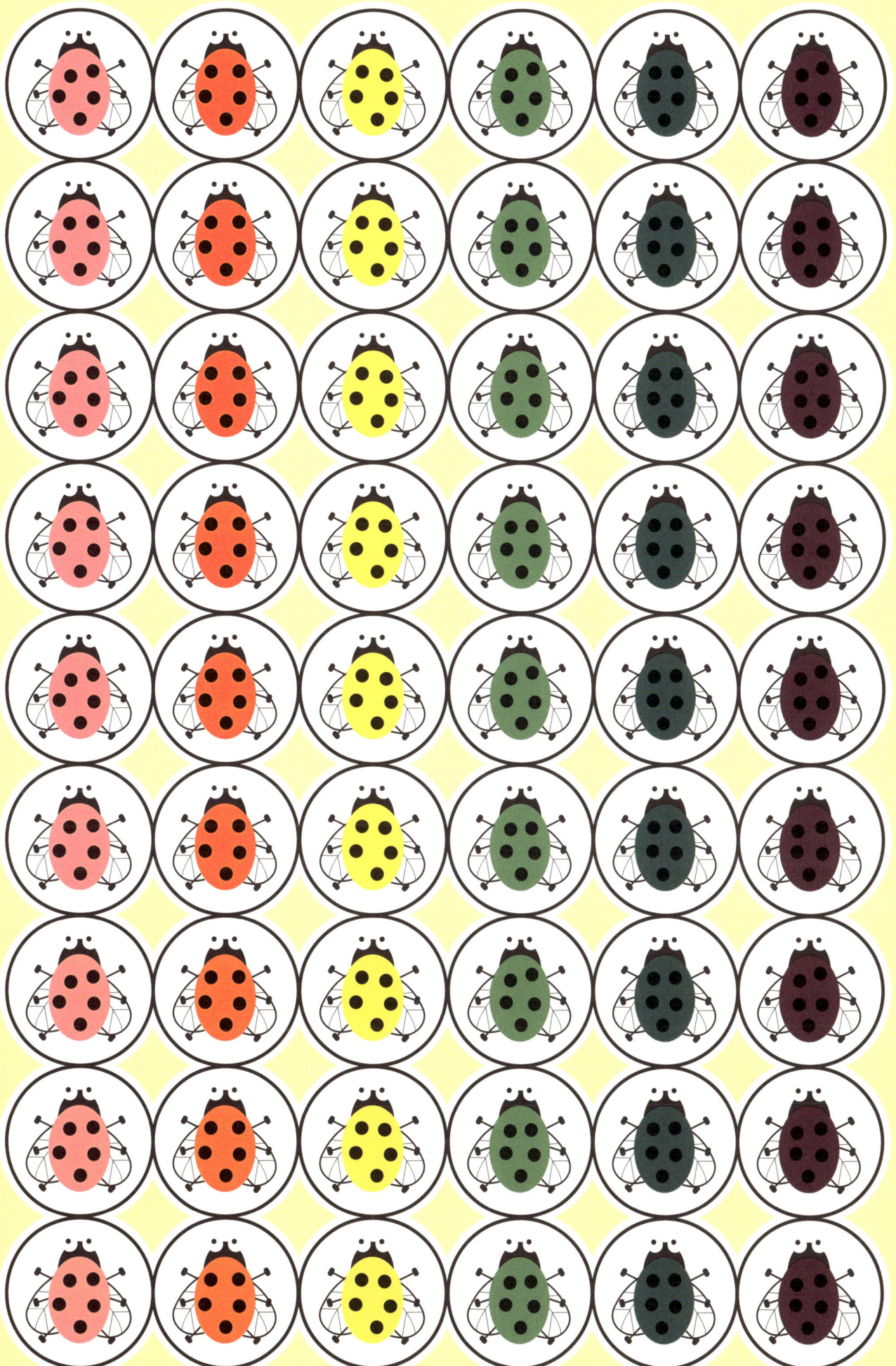

떡볶이를 만들어요 ❹

249

떡볶이를 만들어요 ❺

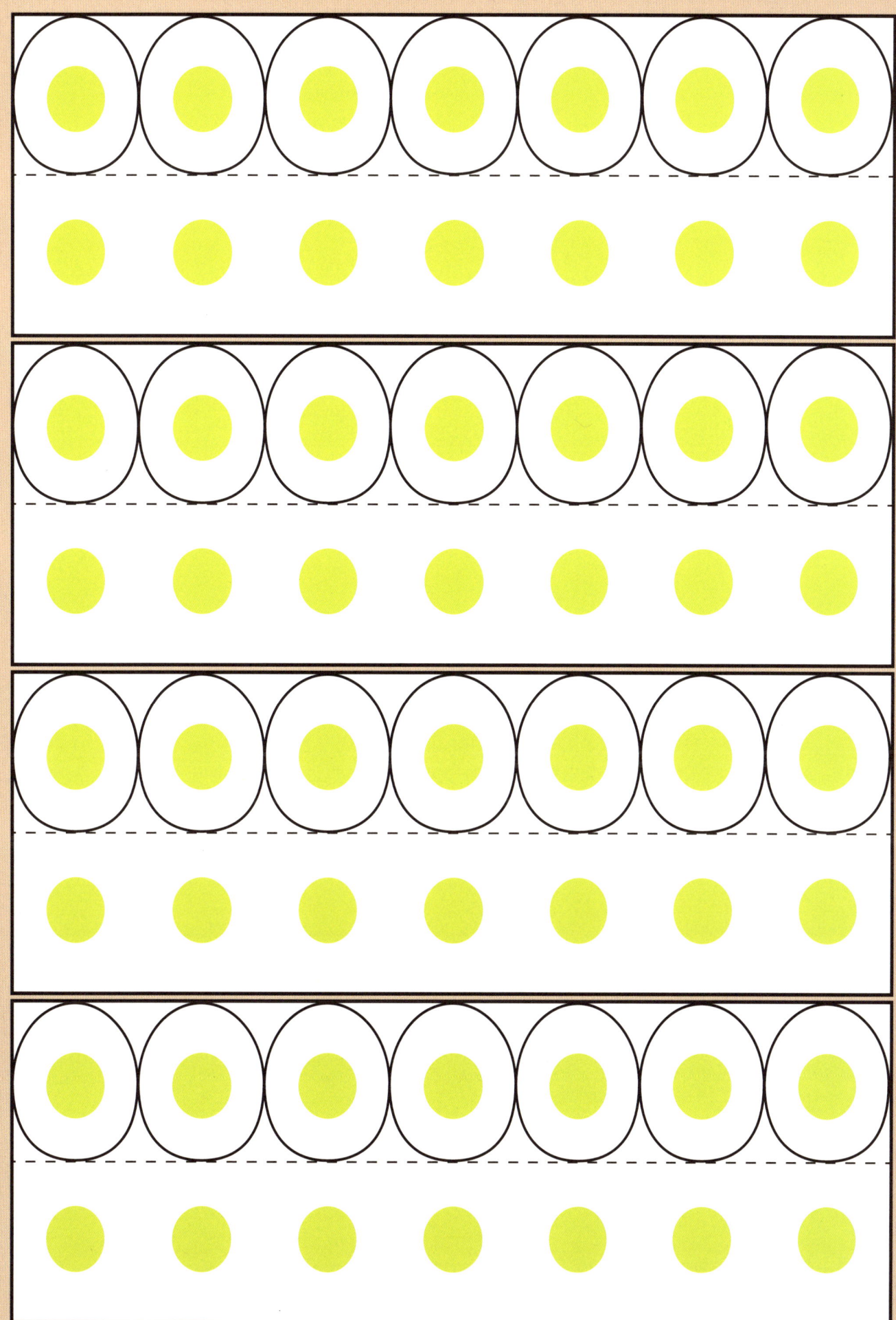

251

떡볶이를 만들어요 ❻

떡볶이를 만들어요 ❼

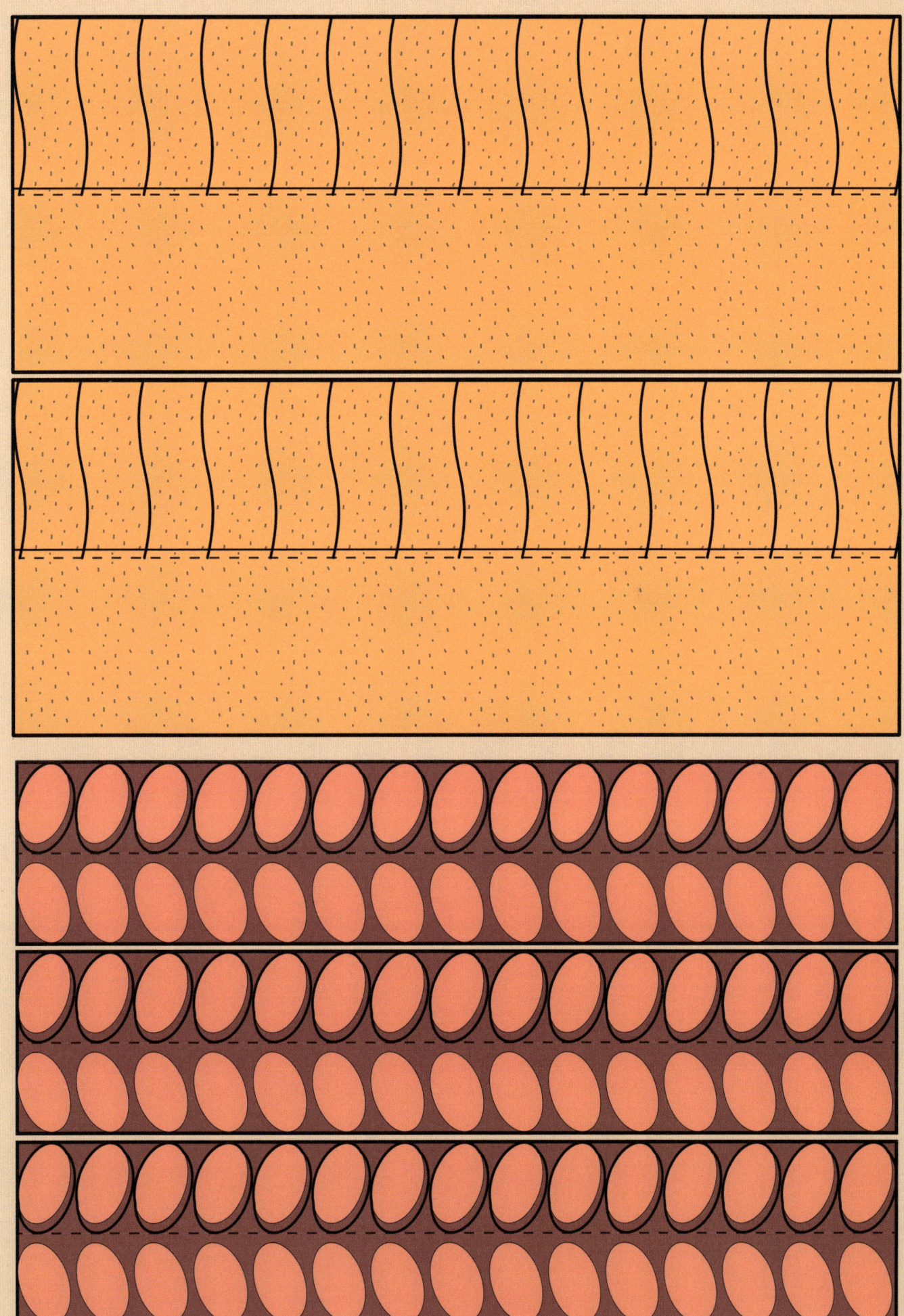

255

떡볶이를 만들어요 ❽

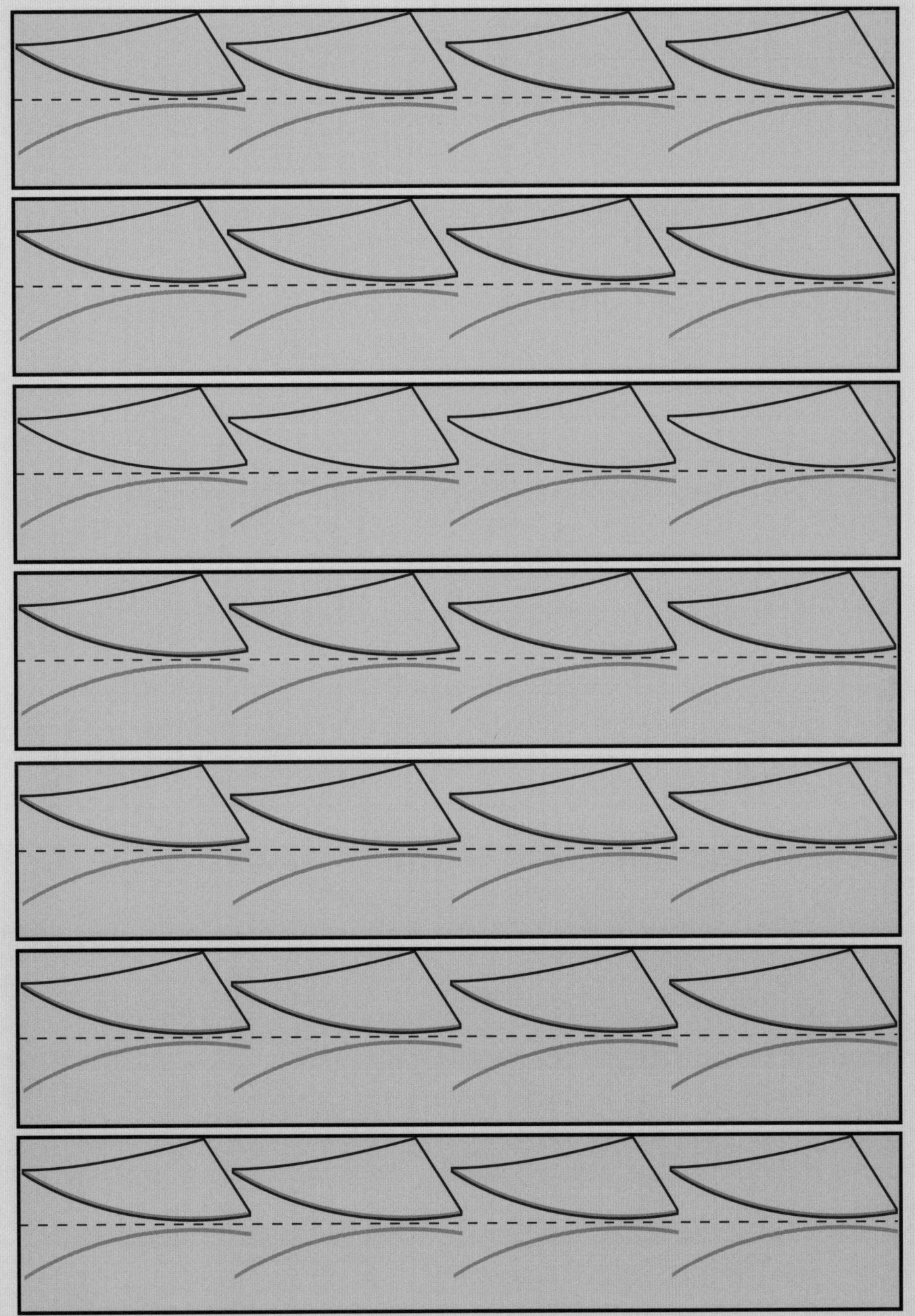

농장에서 채소를 수확해요 ❺

267

농장에서 채소를 수확해요 ❻

농장에서 채소를 수확해요 ❼

271

농장에서 채소를 수확해요 ❽

농장에서 채소를 수확해요 ❾

무지개다리를 만들어요

북극곰에게 이불을 덮어줘요

쑥쑥 자라나라, 선인장!

책가방을 정리해요

감성 가득 캠핑을 가요

맛나요, 맛나. 계란빵가게